VELHO MUNDO NOVO

EMIR MALUF

VELHO MUNDO NOVO

EMIR MALUF

Revisão:
Mona Lisa de Moraes

Emir Maluf
2023

DEDICATÓRIA

A Mona Lisa, em celebração à vida.
A meus filhos, para sua inspiração.
Em memória de meu pai.

Sumário

Introdução 1
O Século XX e suas vitórias 6
Mazelas persistentes: Saber X Ignorância 30
"Expectativas" Frustradas 54
Democracia e Autocracia..65
O Estado Laico e A Degeneração Fundamentalista................82
Liberdade e Igualdade 111
Crime e Castigo 121
O Início do Fim 140
Ladeira abaixo. 152
Referências Bibliográficas 159
Sobre o Autor...183

Introdução

"Não há nada de novo debaixo do Sol."[1] Essas palavras, atribuídas a Salomão, Rei de Judá, refletem o caráter inevitavelmente cíclico das sociedades humanas: comportamentos individuais, familiares, tribais e urbanos não mudam significativamente, muito embora as próprias sociedades – ou civilizações – mudem sempre. Todas têm sua própria ascensão, apogeu e declínio.

Que dizer da tecnologia? Não é ela algo novo no mundo? Sim, mas no nosso mundo. Realmente, não sabemos exatamente qual o grau de desenvolvimento da tecnologia em civilizações extintas. Podemos somente estimá-lo a partir dos achados arqueológicos que encontramos. Restam-nos somente os esqueletos de suas cidades, as cinzas de sua existência na Terra. Europa, Ásia, África, Américas e ilhas do Pacífico, todos os continentes do mundo possuem ruínas de alta complexidade. E não nos é possível conhecer efetivamente seu modo de vida. Temos meras noções de como produziam

---

[1] Eclesiastes 1: 9. BÍBLIA. **Bíblia Online**. Documento eletrônico, disponível em https://www.bibliaonline.com.br/nvi/ec/1. Acesso em 06 dez 2021. Cap. 1, vs. 9. Todas as citações serão feitas da Nova Versão Internacional, a não ser que seja indicada outra fonte.

alimento, especulamos sobre seus rituais, sobre sua estrutura política, mas com muito pouco ou nenhum grau de certeza.

Assim, pelo menos para nossa civilização, existe "algo de novo debaixo do Sol", originado do desenvolvimento da ciência, da tecnologia e das facilidades urbanas. Presenciamos o aumento exponencial da interferência da ciência e da tecnologia[2] na vida cotidiana, e isso vem acontecendo a partir de um processo que se iniciou por volta do Século XVI d.C.[3], com o Renascimento das ciências na Europa e a expansão dessa cultura sobre a Terra.

As virtudes do avanço tecnológico se refletiram na melhora da qualidade da vida humana. Basta compararmos a qualidade da vida urbana e rural da Idade Média, a partir do Renascimento, com as atuais. A idade máxima das pessoas morte aumentou significativamente. Pessoas passaram a viver mais, com mais saúde; a se alimentar melhor, com mais qualidade. Pessoas têm mais educação, e consequentemente, mais liberdade e mais autonomia para escolher como viver.

Mas nem tudo são flores: essa qualidade de vida não foi universalizada. Coexistem nas cidades a abundância e a miséria; a educação e a ignorância. Avanços tecnológicos impactam positivamente as vidas das pessoas, mas persistem condições adversas que lhes tolhem a felicidade. E grandes massas são excluídas das vantagens propiciadas pelo incremento do saber técnico, na medicina, na alimentação, na moradia e na própria educação.

Neste trabalho, meu propósito é entender a persistência de formas de ignorância e condições existenciais que deveriam estar erradicadas. Refiro-me, não somente à falta de educação básica ou de conhecimento científico, mas à proliferação de concepções comprovadamente equivocadas, apesar do conhecimento científico disponível.

---

[2] Vamos definir que tecnologia é a aplicação prática dos conhecimentos científicos e sua instrumentalização na vida.

[3] Utilizarei as expressões d.C. (depois de Cristo) e a.C. (antes de Cristo) para designar os tempos, conforme o Calendário Gregoriano. Essas expressões equivalem a EC (Era Comum) e AEC (Antes da Era Comum), adotadas mais recentemente.

A título de exemplo, a questão da esfericidade da Terra. Depois de observarmos os astros por quase 500 anos, depois de enviarmos gente para fora da atmosfera, de colocarmos câmeras em satélites capazes de nos filmar, por que diabos presenciamos a ascensão de ardorosos promotores da noção de que a Terra é – em sua absoluta convicção – plana, e não esférica, como já demonstraram tantos ramos científicos? A resposta é simples: ignorância. Mas não de um tipo qualquer: ela é fundada tanto em conhecimento quanto em desconhecimento.

Refiro-me ao que tem sido chamado de "Agnotologia"[4], ou estudo do fenômeno da produção e promoção da ignorância, da desinformação, da negação de fatos científicos e do que se convencionou chamar de *fake-news*. Os estudos de Agnotologia tiveram como objeto mais relevante a enxurrada de artigos destinados a ofuscar os resultados da pesquisa sobre o caráter carcinogênico do hábito de fumar, algo que hoje se sabe ser um fato. A indústria do tabaco se armou da dúvida como sua principal arma para contestar a conclusão que exporia seu produto como a causa da mortalidade de milhões de pessoas. Essa estratégia é a mesma utilizada pelos mais diversos setores da economia que se vêm ameaçadas por pesquisas que demonstram a nocividade de suas práticas: poluição do meio-ambiente por plásticos, contaminação por amianto, aceleração de mudanças climáticas, só para mencionar alguns. Parece não haver limites para esse tipo de criatividade "fertilizada".

A estratégia de argumentação "lógica" para comprovar uma teoria conspiratória, como a de que existe um complô para esconder do público o "fato" que a Terra é plana, ou de que existe uma raça de reptilianos alienígenas vivendo em nosso meio, via de regra, se baseia em aparências, em senso comum, somada à desconfiança que as pessoas aprenderam a ter dos governantes e seus discursos demagógicos. Há uma lógica própria desse tipo de argumentação, com fotos,

---

4 PROCTOR, Robert N. e SCHIEBINGER, Londa. **Agnotology**: The Making and Unmaking of Ignorance. Stanford, USA: University Press, 2008.

filmagens, maquetes, especulações e discussões infinitas em *podcasts*. ,normalmente com atores bem escolhidos, seja por sua convicção, pelo número de seguidores que possuem em redes sociais, ou pela superficialidade de suas capacidades cognitivas. Não se usa uma lógica destituída de racionalidade, nem uma argumentação aparentemente incoerente, para se defender tais ideias. Mais do que tudo, utiliza-se a *dúvida* como grande instrumento de contestação.

Dúvida é um instrumento da própria ciência. Contudo, ao lado do que se faz de racional, há uma esquizofrenia voluntária, ao se deixar de conhecer as pesquisas sérias[5] sobre o assunto. Invalidam-se todas as observações de telescópios, todas as filmagens feitas por satélites, ao se declararem todas comprometidas com intenções escusas dos governos, que conspiram para alienar a população e controlá-la. Afinal – segundo pensam – há uma ou muitas conspirações em curso e as pessoas convencionais não são capazes de percebê-las. . .

Essas estratégias de sabotagem de conclusões científicas sobre práticas industriais que expõem os humanos a riscos à sua saúde, como as do uso do tabaco ou uso de estrogênio em plásticos, tendem a ser basicamente as mesmas utilizadas para a consolidação de teorias de conspiração e para a radicalização política que temos presenciado.

A constatação de Neil deGrasse Tysson é perfeita: "Um grande desafio da vida: conhecer o suficiente para acreditar-se correto, mas não o suficiente para saber que está errado."[6]

Dificilmente uma pessoa escolhe defender uma ideia que considera equivocada. Pelo contrário, suas convicções são o

---

[5] Pesquisas sérias são aquelas submetidas ao crivo de diversos pesquisadores das áreas científicas implicadas pelo tema dessa pesquisa. Não é possível fazer ciência sozinho. *Verbi gratia*, muito do que Albert Einstein concluiu somente foi aceito como plausível depois de provado por outras pesquisas ou pela observação astronômica de outros pesquisadores.

[6] *"A great challenge of life: Knowing enough to think you are right, but not knowing enough to know you are wrong."* TYSSON, Neil deGrasse. @neiltysson, status de 01/02/2017. *In* **Twitter**. Documento eletrônico, disponível em https://twitter.com/neiltyson/status/826794336306262016?lang=en. Acesso em 06 dez 2021.

que a levam a afirmar uma ideia, seja ela uma teoria científica baseada em premissas falsas, ou uma teoria política que exclua pessoas da condição de seres humanos. Pretendo especialmente explorar o tema do retorno ao obscurantismo na vida política, a velhas formas totalitárias de ideologia e governo que têm se alastrado novamente pelo mundo, com roupagens renovadas, com novos discursos e velhos argumentos.

Antes disso, porém, gostaria de apresentar um vislumbre do quanto avançamos em termos de tecnologias para tornar nossas vidas mais seguras, mais saudáveis e – por que não dizer? – mais felizes, especialmente desde o fim da Segunda Grande Guerra Mundial, que tanto marcou a história contemporânea.

O Século XX e suas vitórias

O estudo da história é a contemplação de um caleidoscópio: imagens caóticas se sucedem, aparentemente sem lógica, mas encantam e hipnotizam quem as observa. Em pouco tempo, nada mais existe, só aquele tubo, seus espelhos e os cacos que ali chacoalham. A contemplação da sucessão dos eventos humanos se dá pelo ato de admirar do passado, sempre a partir de um ponto de vista específico: o presente do observador. Aparentemente irrelevante, a posição do observador é fundamental para a compreensão que ele terá do que se lhe apresentar aos olhos. Afinal, tanto a lente é grande demais para comportar somente uma perspectiva, quanto o objeto é amplo demais para comportar somente uma lente.

A proposta que lanço é pensar o passado na sua integralidade, ou seja, sem desprezar aquilo que possa ser incômodo ao presente. Valores do passado são valores, ainda que não mais o sejam. As pessoas do passado não pertencem ao presente, e não podem ser julgadas por critérios contemporâneos.

Mas eu sei que essa proposta já nasce tolhida: eu mesmo sou um ser limitado no tempo – meu escopo de vida – e no espaço – minha geografia. Assim, a perspectiva que exporei será a minha própria, mesmo que eu procure me afastar ao máximo da obtusidade própria de meu tempo e de minha situação na geografia do mundo.

Parece que todo advento de século cria expectativas de um mundo melhor. Foi assim nos anos 1900 e o mesmo se repetiu nos 2000. Contudo, as expectativas raramente são as mesmas entre os muitos povos da Terra. Assim como a própria contagem do tempo.

O Século XX nasceu como a aurora de um tempo melhor para uma humanidade crédula nos muitos avanços da medicina, das telecomunicações, dos transportes, do urbanismo. Aquela humanidade crédula, aqueles avanços tecnológicos e aquele otimismo eram europeus, e de modo algum eram universais. O otimismo se estendia sobre as colônias europeias espalhadas no mundo, mas apenas na cabeça dos colonizadores. Imaginava-se que a Europa, com sua cultura e civilização, iria abençoar e iluminar o resto do mundo com seu desenvolvimento, recebendo em troca o serviço barato e dócil dos povos subjugados. O colonizador europeu chegava ao ponto de se declarar racialmente superior aos povos que dominara, criando fundamentos pseudocientíficos para dar credibilidade ao seu sonho de eugenia.

Havia uma absoluta convicção nesses corolários. Afinal, a Europa invadira o mundo inteiro com seu comércio, com suas armas e suas muitas formas de dominação, desde a burocracia até a mais crua violência. Como não reconhecer a superioridade da cultura europeia?

A Europa fincou suas garras no mundo inteiro ao impor sua forma de organização, sua estrutura urbanística, suas instituições de Estado e governo em todos os lugares em que pôde. É tolo pensar que há diferenças significativas entre europeus, americanos – sejam eles do norte, do centro ou do sul – ou entre europeus e populações brancas emigradas da Europa no século XIX e XX. São simplesmente diferentes expressões dos mesmos valores, do mesmo modo de pensar, das mesmas línguas e gramáticas criativas, ainda que se aleguem diferenças genéticas ou culturais. O branco europeu não só emigrou: ele dizimou a alma de muitos povos nativos e impôs os seus modos de viver naquelas regiões da Terra. Foi assim, em especial, nas Américas, na Austrália e nas ilhas daquela região. O que assimilou dessas populações dizimadas foi muito pouco.

Atualmente, nessas regiões, as poucas comunidades autóctones remanescentes são tratadas como sobreviventes, como curiosos exemplares de um tempo que não voltará jamais. Esses povos são tutelados pelos Estados como se estivessem em risco de extinção – situação em que, de fato, estão – mas apenas formalmente. Afinal, o desenvolvimento não pode parar, segundo alegam convictos defensores desse desenvolvimentismo de matriz europeia. E apesar desse cuidado formal que recebem – nem sempre efetivo – muitas vezes não possuem sequer autonomia para determinar a maneira em que são administrados pelos seus Estados.

Americanos do norte, do centro e do sul, australianos, neozelandeses, sul-africanos e tantos outros brancos pelo mundo afora se comportaram, durante todo o Século XX, como arremedos de europeus, e destruíram tudo o que existia de nativo onde pisaram. Em lugares mais remotos, em regiões mais inóspitas, como nos desertos da Ásia e da África, ou nas florestas da África subsaariana, não houve tempo ou condições propícias ao estabelecimento definitivo da cultura branca europeia, como ocorreu nas regiões onde o colonizador fincou suas garras de modo mais perene.

Essa definição que proponho é necessária para que o argumento seja compreendido com clareza: o Século XX é um tempo europeu, ainda que o eixo tenha se movido para incluir a América do Norte nos círculos de poder. Assim, ao usar a expressão "Mundo Europeu" ou "Mundo Ocidental", refiro-me a essa civilização que se expandiu pelo mundo afora a partir do continente europeu, levando a toda a Terra suas concepções de vida, suas línguas e gramáticas, suas raízes greco-latinas no pensamento, suas raízes judaico-cristãs na religião, e todo um modo de vida que se expressa na arquitetura, no urbanismo, nas estruturas institucionais políticas, nas escolas, hospitais e até na vestimenta.

O relacionamento desse Mundo Ocidental com Mundo Oriental é essencialmente conflituoso. É a história milenar do choque entre duas maneiras inteiramente distintas de ver o mundo. As diferenças são radicais: enquanto o Cristianismo – e toda sua carga de culpa, pecado e hipocrisia – se expandia no Ocidente, outras expressões religiosas há muito prosperavam no Oriente, com ênfase em valores que se expressavam na veneração de antepassados, no respeito às tradições morais e religiosas e ao cultivo de uma espiritualidade mística, exotérica, e evolutiva, distinta da concretude agostiniana da "Cidade de Deus" cultivada no Ocidente. Mesmo na Ásia cristã Ortodoxa, a espiritualidade é de outra matriz, focada antes no mistério da divindade do que no poder secular.[7]

Inevitavelmente, abordaremos aspectos dos vínculos desse mundo Ocidental com o Oriente próximo, um relacionamento de verdadeiro amor e ódio. O Mundo Ocidental é radicalmente vinculado ao Mundo Judaico, como reconhecemos a partir de sua estrutura cristã e de sua milenar relação econômica com os judeus. Menos reconhecida, contudo, é a familiaridade entre o Mundo Ocidental e o Mundo Árabe muçulmano. Longe de ser "diferença" a expressão que melhor define seu relacionamento, "familiaridade" é a palavra que melhor traduz os vínculos que os une. Suas semelhanças são maiores do que suas diferenças: tanto o Cristianismo quanto o Islam possuem raízes judaicas, e pertencem à mesma família religiosa.[8] Adotarei a expressão "Religiões do Livro" para me referir a essa família.

Judeus, cristãos e muçulmanos cultivam a mesma concepção de mundo, em que um Deus familiar, ciumento, onisciente e todo-poderoso, escolhe uma nação para ser sua representante no mundo; escolhe profetas, reis e salvadores para governar, instruir e redimir a humanidade, e convalida a moralidade dessa nação como se fosse sua própria. Mais do que isso, dá a essa nação de escolhidos "suas" leis, tendo

---

[7] PONDÉ, Luiz Felipe. **Crítica e Profecia**: A Filosofia da Religião em Dostoievski. São Paulo: LeYa Brasil, 2013.
[8]COMPARATO, Fábio Konder. **Ética: Direito, Moral e Religião no Mundo Moderno.** São Paulo: Companhia das Letras, 2006.

como pano de fundo eventos majestosos como os ocorridos no Monte Sinai, ou na antiga cidade de Jericó, conforme descritos no Êxodo. Esse Deus ainda se manifesta com menos pompa, através da inspiração pessoal de seus crentes, como a que resultou na escrita dos livros e cartas das escrituras cristãs e do Alcorão. A partir daí, qualquer interpretação das palavras inscritas nas pedras da lei ou dos rolos de velino em que foram escritas as escrituras hebraicas, cristãs e islâmicas são também expressões possíveis da inspiração divina que essas obras contêm, e podem ser invocadas como referência definitiva, atemporal e cogente das normas a vigerem nas sociedades.

Nesse momento, antes de abordar os efeitos das Religiões do Livro na permanência da ignorância no mundo, gostaria de tratar do que considero verdadeiros avanços em termos de civilização, ocorridos no Século XX.

Cultura é diferente de civilização. Pode existir cultura sem cidades. Ela pode ser dispersa em um conjunto comum de características sociais, etnológicas e antropológicas, de valores e de costumes. Uma civilização, contudo, terá também uma forma específica e delimitada de organização sócio-política e territorial, e representará uma forma mais organizada da cultura.

Sobre os progressos da civilização ocidental ocorridos no Século XX, acredito que sua melhor evidência esteja impressa na história das ciências. Sem desconsiderar as contribuições de outros povos no desenvolvimento de tecnologias, como árabes e chineses, foi no mundo europeu o palco onde ocorreram as revoluções que catalisaram os avanços científicos que possibilitaram a construção da civilização contemporânea. Há muito o que se falar disso, mas me concentrarei em somente alguns aspectos relacionados à concepção do Universo, à qualidade de vida das pessoas e dos direitos humanos.

A posição da humanidade no Universo sempre foi um mistério, e foi o elemento central de muitas cosmogonias inventadas para explicar a realidade. Os primeiros astrônomos, observadores gregos[9] tentaram compreender os astros e suas revoluções nos céus. Astrólogos de muitos povos perscrutavam em busca de respostas, mas com limitações próprias às suas concepções e à ausência de instrumentos. As coisas tomaram outros rumos quando Galileu Galilei (1564-1642) direcionou as lentes de seu telescópio para os astros e percebeu que os dogmas aristotélicos endossados pela autoridade da Igreja Católica não eram suficientes para explicar aquilo que se via na observação astronômica.

Pouco a pouco, e sempre com muita controvérsia surgida da negação de dogmas pseudocientíficos, a astronomia foi tomando corpo – à medida que se encontravam novas aplicações e observações dos astros a partir de telescópios – e ampliando não somente o campo de visão da humanidade, mas também tornando mais clara a pequenez do ser humano perante a grandiosidade do Universo em que vivemos. E a progressão do conhecimento foi realmente impactante.

Falo de experiência própria: quando pequeno, ganhei um "mapa do universo" feito na década de 1960, em que constavam os nove planetas – inclusive Plutão, hoje desqualificado, reduzido a asteroide – e algumas galáxias à distância. Aquilo era maravilhoso aos meus olhos, mas aos poucos fui descobrindo mais. No início dos anos 1980 foi lançada a série Cosmos, baseada no livro do próprio Carl Sagan[10], que descrevia o estado do conhecimento humano do universo. Num discurso cativante, as palavras do simpático cientista desvelavam uma imensidão majestosa, distâncias e dimensões inconcebivelmente grandes, uma graça e uma violência benévola, encantadora, criativa, que inspirava temor, reverência e gratidão. Tudo aquilo derivava da contemplação das estrelas, das galáxias e dos misteriosos astros que àquela época nossos telescópios conseguiam alcançar.

---

[9] Caso houvessem tido mais tempo para desenvolver instrumentos como o de Galileu, suas conquistas teriam sido maiores. (GLEISER, Marcelo. **A Dança do Universo**: Dos Mitos da Criação ao Big-Bang. São Paulo: Companhia das Letras, 1997.)

[10] SAGAN, Carl. **Cosmos**. Trad. Paul Geiger. São Paulo: Companhia das Letras, 2017.

Mas o encanto não permaneceria nisso. O advento do telescópio Hubble, enviado à órbita terrestre em 1990, mudou tudo. Ele literalmente desvelou o universo aos olhos da humanidade, ao possibilitar sua contemplação sem a distorção produzida pela atmosfera terrestre, que limitava – e muito – a compreensão dos astros e dos fenômenos astrofísicos.

Depois do Hubble, a compreensão do Universo aumentou ainda mais, tornando-nos ainda menores no curso dos 14, 5 bilhões de anos de idade do nosso universo. Aprendemos que muito do que existe nesse universo está distante dos nossos olhos. Na verdade, a maior parte dele: nossa vista nua consegue ver apenas uma minúscula parcela desse universo. Andrômeda, por exemplo, uma galáxia de1.040.710.000.000.000.000.000[11] de quilômetros de diâmetro, é um mero ponto quase invisível no céu noturno, e se encontra a23.652.500.000.000.000.000.000[12] quilômetros daqui. A luz que recebemos de Andrômeda, que hoje vemos no céu noturno, saiu de Andrômeda há 2, 5 milhões de anos.

A expansão da compreensão do Cosmo não se restringe a distâncias. Aprendemos também que existe uma relação muito intensa, imbricada, entre matéria e energia, que anteriormente eram concebidas como se fossem duas coisas inteiramente distintas. Matéria efetivamente é energia num estado muito específico. Aprendemos que existem muitas outras formas de energia – e talvez, até mesmo de matéria – que não estão evidentes aos nossos limitados olhos, que escapam do limite de nossa percepção, restrita às faixas de luminosidade – ou radiação – que ocorrem entre o vermelho e o violeta, a que chamamos de espectro visível. Além disso, há muito, muito mais.

Além do infravermelho e do ultravioleta encontramos outras formas de radiação, e todas elas invisíveis aos olhos humanos: raios alfa, beta, gama, X, radiação de nêutrons, radiação de micro-ondas, radiação termal, para mencionarmos apenas algumas. As maravilhosas fotografias astronômicas que nos

---

[11] Esse número representa 1.040.710 trilhões.
[12] Esse número representa 23.652.500 quintilhões.

são fornecidas pelos telescópios modernos são compostas de diversas camadas de diferentes formas de radiação. Caso contemplássemos os Pilares da Criação[13] a olho nu, nada veríamos além de luz branca e sombras, derivadas da poeira estrelar que existe entre naquele ambiente. A beleza do universo literalmente escapa aos nossos olhos.

NASA. Messier 16 – Pilares da Criação

Ao contemplarmos o céu, nossos olhos veem o passado, e não o presente. Poderíamos chamar a astronomia de estudo do passado do Universo, pois quase a totalidade do que estudamos se refere ao passado, visto que as muitas espécies de radiação chegam à Terra somente muito depois de terem sido emitidas por suas fontes. A luz do Sol demora 8 minutos para chegar aqui. Como já consideramos, a luz de Andrômeda, um ponto diminuto no céu noturno, demora 2,5 milhões de anos a nos tocar. A luz que vemos de Betelgeuse, uma estrela muito brilhante em nossos céus, tem 650 anos de idade.

---

[13] NASA. Messier 16 (The Eagle Nebula). **Hubble's Messier Catalog**. Documento eletrônico, disponível em https://www.nasa.gov/feature/goddard/2017/messier-16-the-eagle-nebula. Acesso em 16 set 2021.

Certo é que na astronomia e na astrofísica teórica ainda resta muito a entender. Não compreendemos ainda diversos fenômenos eletromagnéticos, a intermitência de determinadas fontes de radiação, e tantos outros paradoxos que ainda nos permanecem velados. Contudo, não somos mais assombrados por eclipses, como nossos antepassados, nem entramos em desespero ao contemplarmos uma chuva de meteoros ou um majestoso cometa que nos visita.

A evolução das ciências está estreitamente relacionada ao desenvolvimento de instrumentos de medição, de observação ou de análise química.[14] O desenvolvimento de espectrometria nos permitiu conhecer e detalhar desde a composição da atmosfera de nossos planetas vizinhos até os metais que compõem o núcleo de estrelas ou galáxias distantes. Novamente, sua utilidade não se restringe à astronomia, e auxilia imensamente outro campo das ciências que teve avanços consideráveis no Século XX: a Biologia.

Sabemos da controvérsia gerada pela teoria proposta por Charles Darwin (1809-1882).[15] Darwin propôs que a biologia terrestre é evolutiva, partindo de formas mais simples para, aos poucos, no espaço de milhões de anos, desenvolver formas mais complexas. Isso entrou em conflito direto com a concepção judaico-cristã, de que Yahweh teria criado todas as espécies como são, e a humanidade há cerca de 6. 000 anos atrás, concepção de mundo predominante quando da escrita de "A Origem das Espécies".

Embora a teoria de Darwin não fosse isenta de falhas, a pesquisa genética tem comprovado a correção da estrutura básica da teoria evolucionista. Além disso, graças aos novos instrumentos técnicos, também o registro geológico tem sido submetido a análises mais precisas, mais detalhadas, e tem possibilitado a identificação, com maior precisão, das eras em

---

[14] GLEISER, Marcelo. **A Criação Imperfeita**: Cosmos, Vida e o Código Oculto da Natureza. Rio de Janeiro; São Paulo: Record, 2010.

[15] DESMOND, Adrian J. Charles Darwin: British naturalist. *In* **Britannica.** Documento eletrônico, disponível em https://www.britannica.com/biography/Charles-Darwin. Acesso em 16 set 2021.

que os fósseis existiram e dos parentescos genéticos dessas espécies extintas com as que ainda existem, confirmando, dessa maneira, que as muitas formas de vida hoje presentes são todas elas oriundas de uma mesma história, de um mesmo processo transformativo e evolutivo.

A arqueologia também tem encontrado evidências contundentes de assentamentos humanos com mais de 12. 000 anos de existência – e não somente 6. 000, como descreve Gênesis – a partir de escavações em regiões da Turquia, em Göbekli Tepe[16], suscitando indagações – ainda sem respostas – sobre as origens dessa civilização e as misteriosas razões para seu desaparecimento. Só que, se uma civilização que prosperou há doze séculos tinha tecnologia para construir as avançadas estruturas ali presentes, quantas outras civilizações já existiram sobre a Terra, antes do surgimento das primeiras cidades nas margens Eufrates e do Tigre? Nossa história tem nas civilizações mesopotâmia e egípcia aquelas que consideramos nossas primeiras origens. Mas que dizer daquelas que desconhecemos?

O que importa nessa questão é que o desenvolvimento de instrumentos tecnológicos de medição, datação, análise química e de detecção de formas raras de radiação ou de partículas subatômicas, nos possibilitam compreender também o nosso ambiente com mais precisão, assim como as limitações de nossa própria compreensão de mundo.

A existência de evidências objetivas de civilizações tecnológicas extintas nos induz a refletirmos sobre nossa própria incipiente civilização global. Somos a única espécie inteligente no Universo? Existe, afinal, vida extraterrestre inteligente? A pesquisa científica[17], em curso há mais de 20 anos, ainda não apresentou resultados objetivos ou evidências concretas da existência de alguma forma de vida fora dos

---

[16] UNESCO. **Göbekli Tepe**. Documento eletrônico, disponível em https://whc.unesco.org/en/list/1572/. Acesso em 16 set 2021.

[17] SAGAN, Carl e DRAKE, Frank. The Search for Extraterrestrial Intelligence. *In* **Scientific American.** Documento eletrônico, disponível em https://www.scientificamerican.com/article/the-search-for-extraterre/. Acesso em 22 out 2021.

limites da Terra, e menos ainda de alguma forma de inteligência ou civilização extraterrestre.

Especialmente até meados do Século XX, nos considerávamos a espécie mais evoluída e a verdadeira inteligência do Universo, diante da absoluta ausência de evidências de outras formas de inteligência. Na verdade, há um questionamento sério sobre se há real possibilidade de algum dia encontrarmos essas evidências. Não que elas não possam existir; o problema real é que as encontremos. Isso por causa das enormes distâncias entre os sistemas solares espalhados pelo Cosmo. Enrico Fermi (1901-1954), criador do primeiro reator nuclear, propôs um questionamento que ainda hoje assombra todos os que se envolvem com a busca científica por vida extraterrestre inteligente.[18] É uma contradição entre o tamanho do Universo e a ausência de evidências concretas da existência de outra espécie inteligente. Basicamente, o que o Paradoxo de Fermi[19] declara são quatro proposições, ou quatro possibilidades:

1. Os extraterrestres existem, mas nunca vieram à Terra por causa de dificuldades físicas que podem estar relacionadas à astronomia (distância, cadeias gravitacionais), biologia (incompatibilidade biológica) ou engenharia (impossibilidade material de viajar a velocidades próximas à da luz).

2. Os alienígenas simplesmente escolheram nunca nos visitar na Terra.

3. Civilizações avançadas fora da Terra surgiram recentemente demais para que nos percebessem e nos alcançassem.

4. Os alienígenas já visitaram a Terra no passado, mas não os observamos.

Podemos derivar ou acrescentar outros questionamentos a essas possibilidades. O fato de que nossos sinais eletromagnéticos – nossa assinatura no Universo – só começarem a ser emitidos há pouco mais de 150 anos, com o

---

[18] Projeto SETI. (Veja SAGAN, 2006.)

[19] HOWELL, Elizabeth. Fermi Paradox: Where Are the Aliens? *In* **SPACE.COM.** Documento eletrônico, disponível em https://www.space.com/25325-fermi-paradox.html. Acesso em 22 out 2021

advento da eletrônica, implica em que a prova de nossa existência como civilização tecnológica só está disponível a quem estiver dentro de um raio de aproximadamente 150 anos-luz. Essa é uma distância minúscula em comparação com as distâncias entre os astros.

Nossos potentes telescópios atuais são capazes de varrer essa distância (e muito além), mas não encontraram nada que sugira a existência de alguma fonte energética compatível com uma civilização tecnológica.[20]

Do mesmo modo, considerando com muito otimismo que nossa história possua remontar há cerca de 15 mil anos no passado, os nossos telescópios e instrumentos não encontraram nenhuma fonte energética artificial nos 15 mil anos-luz ao nosso redor.

O Paradoxo possui ainda outro desdobramento ainda mais sombrio: uma civilização inteligente – pelo menos o tipo de civilização que conhecemos – não permanece existente por tempo suficiente para ser conhecida por civilizações existentes em outros planetas. Civilizações ascendem e declinam. Por vezes, desaparecem sem deixar memória. O Paradoxo de Fermi não afirma nem nega a existência de vida inteligente fora da Terra; apenas declara a grande dificuldade de virmos a conhecê-la.

Em termos simples, estamos obrigados a aceitar que estamos sozinhos no Universo, até prova em contrário.

Por outro lado, temos recolhido, a partir da observação dos astros, inúmeras evidências que apontam para a existência de matéria orgânica capaz de gerar vida biológica em outros planetas ou luas, mesmo em nosso sistema solar.[21] O

---

[20] A título de exemplo, uma nave espacial capaz de atingir a proximidade da velocidade da luz dificilmente passaria despercebida de nossos telescópios, ou mesmo nossos radares, pois a sua assinatura energética seria muito intensa e evidente, tendo em vista o volume de energia necessário para se atingir tal velocidade.

[21] BROWN, Dwayne *et alii*. NASA Finds Ancient Organic Material, Mysterious Methane on Mars. *In* **NASA.** Documento eletrônico, disponível em https://www.nasa.gov/press-release/nasa-finds-ancient-organic-material-mysterious-methane-on-mars. Acesso em 22 out 2021.

conhecimento da possibilidade – e da imensa probabilidade – da existência de vida, ainda que não-inteligente, fora da Terra, nos induz a questionar a concepção antropocêntrica que ainda predomina no mundo, e a duvidar da importância do ser humano na própria história do Universo.

O desenvolvimento das ciências também possibilitou avanços na medicina. Doenças que por séculos assombraram a humanidade são hoje tratáveis e curáveis. Quando não há cura, há controle, cuidado, e a vida do paciente é prolongada por anos a fio, com boa qualidade.

E mesmo o tratamento de novas moléstias é mais facilmente implementado do que no passado. A pandemia do COVID-19 é um excelente exemplo disso. Em pouco tempo, com esforço e seriedade, dezenas de vacinas foram desenvolvidas, para o controle da moléstia e redução de seus nefastos efeitos sobre os sistemas de cuidado com a saúde. A disponibilidade de veículos genéticos para o desenvolvimento das vacinas foi o que possibilitou essa agilidade. Esses veículos já se encontravam disponíveis, herança das pesquisas para debelar as pandemias de SARS, MERS, e Ebola ocorridas no Século XX e nos primeiros anos do Século XXI.

Esses dois campos objetivos da ciência são suficientes para provar o que eu desejo destacar: a situação da humanidade no mundo, atualmente, é bem diferente de 100 anos atrás. Conhecemos mais sobre o Universo, sobre suas estruturas materiais, sobre as formas de radiação e energia que interferem no movimento dos sistemas solares, das galáxias e do próprio tecido da realidade em que vivemos. Conhecemos mais sobre a medicina e sobre a saúde humana, a ponto de possibilitarmos o crescimento da expectativa de vida em quase o dobro. Na verdade, é difícil encontrar um número médio, aplicável a toda a humanidade. Em certos lugares, a média era muito baixa no passado, e em outros, já era maior. O que quero destacar é que houve um aumento significativo (1) da expectativa da vida humana na maior parte da Terra e (2) da disponibilidade de diagnóstico e tratamento para um sem-número de moléstias.

Gostaria agora de abordar um terceiro aspecto da realidade anterior e posterior ao Século XX: os seus Direitos. Mas essa abordagem não será simplesmente uma abordagem formal, para considerar a técnica das leis, de sua elaboração, criação e vigência. Abordarei a evolução de seu conteúdo, a partir de uma perspectiva vital, ou seja, a partir do valor Vida e de toda a rede de proteção que se desenvolveu, a partir desse tempo, para sua promoção, preservação e cuidado.

Para o Direito, vida é um valor absoluto, ainda que sua definição seja, de algum modo difícil. Sim, difícil, pois o que é Vida para uns pode não o ser, para outros.

A definição que propõe a equipe de Astrobiologia da NASA é objetiva: "Vida é um sistema químico autossustentável, capaz de evolução Darwiniana."[22] "Vida" é um atributo de sistemas químicos complexos capazes de autorreplicação sexuada ou assexuada.

Acho que a ideia "vida", ou melhor, o valor "vida" teve sua mais plena refulgência, pelo menos na contemporaneidade, após a Segunda Grande Guerra Mundial. Os milhões que morreram nos campos de batalha, nos campos de concentração, nas cidades bombardeadas e em decorrência da penúria que toda guerra produz, levaram os sobreviventes a repensar a vida como valor.

Com o advento da Ecologia como ciência autônoma, especialmente depois de os humanos perceberem os efeitos deletérios de sua própria existência na Terra, a vida biológica passou a ser tutelada, com maior ou menor intensidade: ecossistemas passaram a ser protegidos por leis, instituições foram criadas para essa finalidade, e a própria sociedade civil, independente dos Estados, passou a se organizar para atuar objetivamente na proteção ambiental. Todos esses foram avanços ocorridos – senão iniciados – no Século XX.

Isso ocorreu porque foi esse Século que presenciou os maiores espetáculos de barbárie de nossa civilização: a

---

[22] NASA. **About Life Detection.** Documento eletrônico, disponível em https://astrobiology.nasa.gov/research/life-detection/about/. Acesso em 09 dez 2021.

Primeira e a Segunda Grandes Guerras Mundiais, que ceifaram, juntas, mais de uma centena de milhões de vidas humanas. O valor vida, por sua fragilidade e escassez, passou a ser visto de outra forma. Do mesmo modo, passou-se a universalizar o atributo de "humanidade", que antes era restrito, conforme a ideologia ou a etnia da pele da pessoa. [23]

A proteção legal à vida, em suas mais diversas formas, não é necessariamente nova. Ela remonta à antiguidade, quando se estabeleceram punições pelo homicídio voluntário ou involuntário. Mas o que se fez no Século XX foi somar à ideia de vida o atributo de dignidade. Esse atributo acrescenta à mera biologia um valor de excelência, de plenitude e satisfação, que se opõe à miséria, ao sofrimento, à dor que se carrega quando as condições para a vida não a tornam digna de ser vivida.

O maior ato de desespero de um ser vivo qualquer é o de terminar com a própria existência. Nada há que se compare a isso. O suicídio ocorre quando a dor, o sofrimento mental ou físico se tornam maiores do que a própria capacidade da pessoa de suportá-los. Mas há, mesmo nisso, um limite: a pessoa pode ultrapassar o limite dessa tolerância, e simplesmente perder a capacidade de por fim à própria vida. Penso em dois extremos: o de um adolescente que, por frustração com sua existência e os problemas inerentes a ela,

---

[23] Para pessoas que adotam ideias de superioridade racial ou cultural, os "outros" que não pertencem a seu grupo étnico ou à sua cultura não possuem uma "humanidade" plena. O exemplo mais comum dessa rotulação foi a que vitimou o povo judeu. Na Europa e em torno do Mar Mediterrâneo, durante séculos o povo judeu foi considerado a escória da humanidade, especialmente por cristãos. Essa maneira de considera-los evoluiu até o ponto de serem vítimas da campanha de extermínio instaurada pelo governo alemão, sob a direção de Adolf Hitler e do Partido Nazista, sem que houvesse oposição. Para muitos, judeus não eram humanos, mas uma praga biológica, semelhantes a ratos, e podiam ser exterminados como ratos. GOLDHAGEN, Daniel Jonah. **Hitler's Willing Executioners**: Ordinary Germans and the Holocaust. New York, USA: Vintage Books, 1997. ARENDT, Hannah. **Origens do Totalitarismo**: Anti-Semitismo, Imperialismo, Totalitarismo. Trad. Roberto Raposo. São Paulo: Companhia das Letras, 1989.

põe fim à sua vida, e o prisioneiro, em um campo de concentração nazista, que aguarda passivamente o dia em que será levado à sala de "banho" para ser envenenado por Zyklon-B e depois incinerado, apesar da prisão, dos maus-tratos, da péssima alimentação.

Poderíamos pensar que os motivos do adolescente são fúteis, mas pessoalmente, não é possível fazer esse tipo de juízo. Cada pessoa tem uma ideia do que constitui uma vida digna de ser vivida. Por mais que pareçam superficiais ou fúteis os motivos de uma pessoa para dar cabo de sua existência, a ela faltaram os elementos do que constitui uma vida digna de ser vivida.

Por sua vez, o prisioneiro vive sem qualquer elemento que possa ser chamado de "digno": não possui a liberdade de ir ou vir, de comer e beber à saciedade, de ter boa saúde física ou mental, de ver seus filhos felizes ou qualquer perspectiva de realização pessoal. Ainda assim, ele não atenta contra a própria vida e segue, como uma ovelha, ao desfecho final de sua existência. Se ele faz isso por pura impotência, ou seja, por não conseguir acabar com sua vida, ele considera sua vida indigna de ser vivida. Mas se ele guarda alguma esperança de sair da condição de condenado, ou considera que seu sofrimento será pensado por Deus, ou ainda que sua dor tem algum sentido de ser, nesse caso ele considera que a vida posterior ao cárcere compensará todo o esforço, a dor, o sofrimento e a angústia suportada.

O que desejo destacar é a ideia de dignidade. Vida deve ser digna de ser vivida. O existir em penúria não compensa, a não ser que houver algum raio de esperança de que o transcorrer do tempo trará alívio, supressão da dor, do sofrimento, ou até alguma recompensa pela perseverança, em vida ou após a morte.

Depois do espetáculo de sangue e crueldade ocorrido durante os anos da Segunda Guerra Mundial, pessoas do mundo inteiro se reuniram para constituir a Organização das Nações Unidas – ONU com a finalidade de evitar a ocorrência dos eventos que ocorreram no curso da guerra. A instituição da ONU representou a formalização de compromissos quase-legais[24] que incluem foros de discussão pacífica e sanções não-bélicas em caso de conflitos de interesse entre os Estados signatários da Carta da ONU. Essas sanções podem ser comerciais ou políticas, e existem como alternativa a conflitos armados, para que se evitem os horrores presenciados nas duas Grandes Guerras do Século XX.

Entre esses compromissos quase-legais se encontra a Resolução 217 A-III da Assembleia Geral[25], acordo internacional que em 1948 formalizou a Declaração Universal dos Direitos Humanos, documento constituído como o principal instrumento de proteção da pessoa humana. A ideia fundamental dessa Declaração é o personalismo jurídico[26], um movimento que agregou juristas, filósofos e religiosos para a definição dos conceitos elementares fundamentais para a compreensão do que vem a constituir a dignidade existencial de ser humano. Cada palavra dessa Declaração foi minuciosamente discutida e pensada para exprimir a mais plena correspondência ao que se intencionava para o bem das pessoas.

Estar vivo, hoje, e não conhecer esses direitos equivale a ser analfabeto em sentido de direitos. Portanto, transcrevo o texto oficial traduzido para o português. A realização desses direitos deveria ser a regra, e não a exceção, na Terra inteira:

> Artigo 1
> Todos os seres humanos nascem livres e iguais em dignidade e direitos. São dotados de razão e consciência e devem

---

[24] O Direito Internacional Público não é constituído de leis em sentido estrito. Os acordos e convenções devem ser ratificados pelos Estados signatários para ter validade no território desses Estados. Do contrário, permanece como uma declaração de intenções.

[25] ORGANIZAÇÃO DAS NAÇÕES UNIDAS. **Declaração Universal dos Direitos Humanos (Resolução 217 A-III da Assembleia Geral)**. Nova York, EUA: Organização das Nações Unidas, 1948. Documento Eletrônico, disponível em https://www.unicef.org/brazil/declaracao-universal-dos-direitos-humanos. Acesso em 09/12/2021.

[26] MATA-MACHADO, Edgar de Godói da. **Contribuição ao Personalismo Jurídico**. Belo Horizonte: Del Rey, 2000.

agir em relação uns aos outros com espírito de fraternidade.

Artigo 2

1. Todo ser humano tem capacidade para gozar os direitos e as liberdades estabelecidos nesta Declaração, sem distinção de qualquer espécie, seja de raça, cor, sexo, língua, religião, opinião política ou de outra natureza, origem nacional ou social, riqueza, nascimento, ou qualquer outra condição.

2. Não será também feita nenhuma distinção fundada na condição política, jurídica ou internacional do país ou território a que pertença uma pessoa, quer se trate de um território independente, sob tutela, sem governo próprio, quer sujeito a qualquer outra limitação de soberania.

Artigo 3

Todo ser humano tem direito à vida, à liberdade e à segurança pessoal.

Artigo 4

Ninguém será mantido em escravidão ou servidão; a escravidão e o tráfico de escravos serão proibidos em todas as suas formas.

Artigo 5

Ninguém será submetido à tortura, nem a tratamento ou castigo cruel, desumano ou degradante.

Artigo 6

Todo ser humano tem o direito de ser, em todos os lugares, reconhecido como pessoa perante a lei.

Artigo 7

Todos são iguais perante a lei e têm direito, sem qualquer distinção, a igual proteção da lei. Todos têm direito a igual proteção contra qualquer discriminação que viole a presente Declaração e contra qualquer incitamento a tal discriminação.

Artigo 8

Todo ser humano tem direito a receber dos tribunais nacionais competentes remédio efetivo para os atos que violem os direitos fundamentais que lhe sejam reconhecidos pela constituição ou pela lei.

Artigo 9

Ninguém será arbitrariamente preso, detido ou exilado.

Artigo 10

Todo ser humano tem direito, em plena igualdade, a uma justa e pública audiência por parte de um tribunal independente e imparcial, para decidir seus direitos e deveres ou fundamento de qualquer acusação criminal contra ele.

Artigo 11

1. Todo ser humano acusado de um ato delituoso tem o direito de ser presumido inocente até que a sua culpabilidade tenha sido provada de acordo com a lei, em julgamento público no qual lhe tenham sido asseguradas todas as garantias necessárias à sua defesa.

2. Ninguém poderá ser culpado por qualquer ação ou omissão que, no momento, não constituíam delito perante o direito nacional ou internacional. Também não será imposta pena mais forte de que aquela que, no momento da prática, era aplicável ao ato delituoso.

Artigo 12

Ninguém será sujeito à interferência na sua vida privada, na sua família, no seu lar ou na sua correspondência, nem a ataque à sua honra e reputação. Todo ser humano tem direito à proteção da lei contra tais interferências ou ataques.

Artigo 13

1. Todo ser humano tem direito à liberdade de locomoção e residência dentro das fronteiras de cada Estado.

2. Todo ser humano tem o direito de deixar qualquer país, inclusive o próprio e a esse regressar.

Artigo 14

1. Todo ser humano, vítima de perseguição, tem o direito de procurar e de gozar asilo em outros países.

2. Esse direito não pode ser invocado em caso de perseguição legitimamente motivada por crimes de direito comum ou por atos contrários aos objetivos e princípios das Nações Unidas.

Artigo 15

1. Todo ser humano tem direito a uma nacionalidade.

2. Ninguém será arbitrariamente privado de sua nacionalidade, nem do direito de mudar de nacionalidade.

Artigo 16

1. Os homens e mulheres de maior idade, sem qualquer restrição de raça, nacionalidade ou religião, têm o direito de contrair matrimônio e fundar uma família. Gozam de iguais direitos em relação ao casamento, sua duração e sua dissolução.

2. O casamento não será válido senão com o livre e pleno consentimento dos nubentes.

3. A família é o núcleo natural e fundamental da sociedade e tem direito à proteção da sociedade e do Estado.

Artigo 17

1. Todo ser humano tem direito à propriedade, só ou em sociedade com outros.

2. Ninguém será arbitrariamente privado de sua propriedade.

Artigo 18

Todo ser humano tem direito à liberdade de pensamento, consciência e religião; esse direito inclui a liberdade de mudar de religião ou crença e a liberdade de manifestar essa religião ou crença pelo ensino, pela prática, pelo culto em público ou em particular.

Artigo 19

Todo ser humano tem direito à liberdade de opinião e expressão; esse direito inclui a liberdade de, sem interferência, ter opiniões e de procurar, receber e transmitir informações e ideias por quaisquer meios e independentemente de fronteiras.

Artigo 20

1. Todo ser humano tem direito à liberdade de reunião e associação pacífica.

2. Ninguém pode ser obrigado a fazer parte de uma associação.

Artigo 21

1. Todo ser humano tem o direito de tomar parte no governo de seu país diretamente ou por intermédio de representantes livremente escolhidos.

2. Todo ser humano tem igual direito de acesso ao serviço público do seu país.

3. A vontade do povo será a base da autoridade do governo; essa vontade será expressa em eleições periódicas e legítimas, por sufrágio universal, por voto secreto ou processo equivalente que assegure a liberdade de voto.

Artigo 22

Todo ser humano, como membro da sociedade, tem direito à segurança social, à realização pelo esforço nacional, pela cooperação internacional e de acordo com a organização e recursos de cada Estado, dos direitos econômicos, sociais e culturais indispensáveis à sua dignidade e ao livre desenvolvimento da sua personalidade.

Artigo 23

1. Todo ser humano tem direito ao trabalho, à livre escolha de emprego, a condições justas e favoráveis de trabalho e à proteção contra o desemprego.

2. Todo ser humano, sem qualquer distinção, tem direito a igual remuneração por igual trabalho.

3. Todo ser humano que trabalha tem direito a uma remuneração justa e satisfatória que lhe assegure, assim como à sua família, uma existência compatível com a dignidade humana e a que se acrescentarão, se necessário, outros meios de proteção social.

4. Todo ser humano tem direito a organizar sindicatos e a neles ingressar para proteção de seus interesses.

Artigo 24

Todo ser humano tem direito a repouso e lazer, inclusive a limitação razoável das horas de trabalho e a férias remuneradas periódicas.

Artigo 25

1. Todo ser humano tem direito a um padrão de vida capaz de assegurar a si e à sua família saúde, bem-estar, inclusive alimentação, vestuário, habitação, cuidados médicos e os serviços sociais indispensáveis e direito à segurança em caso de desemprego, doença invalidez, viuvez, velhice ou outros casos de perda dos meios de subsistência em circunstâncias fora de seu controle.

2. A maternidade e a infância têm direito a cuidados e assistência especiais. Todas as crianças, nascidas dentro ou fora do matrimônio, gozarão da mesma proteção social.

Artigo 26

1. Todo ser humano tem direito à instrução. A instrução será gratuita, pelo menos nos graus elementares e fundamentais. A instrução elementar será obrigatória. A instrução técnico-profissional será acessível a todos, bem como a instrução superior, esta baseada no mérito.

2. A instrução será orientada no sentido do pleno desenvolvimento da personalidade humana e do fortalecimento do respeito pelos direitos do ser humano e pelas liberdades fundamentais. A instrução promoverá a compreensão, a tolerância e a amizade entre todas as nações e grupos raciais ou religiosos e coadjuvará as atividades das Nações Unidas em prol da manutenção da paz.

3. Os pais têm prioridade de direito na escolha do gênero de instrução que será ministrada a seus filhos.

Artigo 27

1. Todo ser humano tem o direito de participar livremente da vida cultural da comunidade, de fruir as artes e de participar do progresso científico e de seus benefícios.

2. Todo ser humano tem direito à proteção dos interesses morais e materiais decorrentes de qualquer produção científica literária ou artística da qual seja autor.

Artigo 28

Todo ser humano tem direito a uma ordem social e internacional em que os direitos e liberdades estabelecidos na presente Declaração possam ser plenamente realizados.

Artigo 29

1. Todo ser humano tem deveres para com a comunidade, na qual o livre e pleno desenvolvimento de sua personalidade é possível.

2. No exercício de seus direitos e liberdades, todo ser humano estará sujeito apenas às limitações determinadas pela lei, exclusivamente com o fim de assegurar o devido reconhecimento e respeito dos direitos e liberdades de outrem e de satisfazer as justas exigências da moral, da ordem pública e do bem-estar de uma sociedade democrática.

3. Esses direitos e liberdades não podem, em hipótese alguma, ser exercidos contrariamente aos objetivos e princípios das Nações Unidas.

Artigo 30

Nenhuma disposição da presente Declaração poder ser interpretada como o reconhecimento a qualquer Estado, grupo ou pessoa, do direito de exercer qualquer atividade ou praticar qualquer ato destinado à destruição de quaisquer

A proteção à vida se tornou, portanto, a partir da Declaração de 1948, algo a ser promovido por todos os Estados que a assinaram. À época, quarenta e oito Estados a assinaram, oito se abstiveram e dois se ausentaram. Atualmente, são 193 os Estados signatários, dentre os 195 países que existem hoje na Terra. Dois Estados são observadores, e sua assinatura não foi formalizada: Vaticano e Palestina. Assim, em termos de afirmação de Direitos, o Século XX foi especial. Os Direitos da Pessoa Humana foram elevados à condição de Estatuto legal universal, uma vez que a Declaração já foi ratificada por todos os signatários.

Nessa breve reflexão sobre avanços da compreensão do universo, da ciência, da tecnologia e do direito, quis demonstrar o que parece ser o prenúncio de um mundo em que as pessoas podem viver em paz, com saciedade, com acesso a tratamentos eficazes de saúde, com acesso a moradia e a trabalho digno e seguro, com acesso a boa educação, moradia e aos recursos indispensáveis para uma existência digna de ser vivida.

Mas as expectativas não foram correspondidas: os direitos não se realizaram para todos e a efetivação de tudo o que se prometeu encontra, de um modo ou de outro, resistência e oposição.

Mazelas persistentes: Saber X Ignorância

Em cada um desses campos do conhecimento que suscitei, persistem expectativas não realizadas, lacunas que, como voçorocas numa montanha, vão degradando e solapando os próprios fundamentos de nossa Civilização. E não podemos isolar Ocidente e Oriente: em virtude do intenso comércio na "aldeia global", valores, costumes e vícios têm sido compartilhados, e as mazelas, ou as feridas abertas que nunca saram, têm crescido e contaminado a todos, indistintamente.

O fenômeno que presenciamos é o seguinte: avançamos e chegamos a possuir um enorme arcabouço de conhecimento, de clareza e amplitude de horizontes de expectativa nunca antes alcançados em nossa Civilização, ou mesmo em outras de que temos conhecimento em se tratando de instrumentação tecnológica. Contudo, apesar dessa riqueza teórica e prática, não apenas percebemos que deixamos de universalizar todo o bem que acumulamos, mas verificamos o retrocesso a formas e ideias superadas de pensamento e concepção, a ideologias políticas supostamente superadas, e a persistência de condições de existência totalmente contraditórias às expectativas de justiça social que se cultivavam nos séculos anteriores.

A ignorância não é mero vácuo de saber.[27] Na verdade, ela possui conteúdo. As ideias de erro no conhecimento, equívoco, engano, desinformação, dogmatismo são palavras que definem melhor o objeto que procuro expor.

O saber é natural ao ser humano. Afinal, somos seres culturais, ou seja, seres que cultivam. Antes mesmo de aprendermos a linguagem escrita, nós, humanos, cultivamos saberes em forma de mitos, rituais, tradições, todos esses guardados por incontáveis gerações na memória contada, passada de pai para filho, de filho para neto. A escrita veio apenas servir como o coroamento da memória, a expansão de algo que preexistia.

Mas o saber que se alcança culturalmente difere do saber que se alcança tecnologicamente. Esse tipo de saber transcende as nossas capacidades de percepção. Tome-se como exemplo o espectro da luz: nossa capacidade de enxergar se limita a uma pequena faixa de energia luminosa entre as muitas frequências energéticas existentes no universo. Enxergamos somente pouco além do infravermelho até o limite do violeta. Acima disso, nada. Abaixo do vermelho, nada. A identificação – ou o conhecimento – dessas frequências somente foi possível quando foram criados instrumentos para medição dessas formas de energia.[28]

No estágio de desenvolvimento em que nos encontramos, já conseguimos criar muitos instrumentos para "leitura" do universo, mesmo onde nossos olhos não alcançam, seja nos confins do universo ou no interior dos átomos. O problema é que a esmagadora maioria das pessoas não tem a menor noção do que se vem descobrindo, nem tem interesse em saber. Assim, apesar de todo avanço em termos de compreensão do universo, as pessoas se ocupam apenas com aquilo que lhes é imediato: formas de conseguir dinheiro para viver, para suprir suas necessidades básicas de moradia, vestuário, alimentação e diversão. E considerando que a maioria é mantida em estado constante de carência, de

---

[27] PROCTOR e SCHIEBINGER, 2008.
[28] GLEISER, 2010.

necessidade, não é de se admirar que isso ocorra, e ninguém pode ser julgado por se ocupar disso. Afinal, esta é a condição humana: trabalho e labuta, com um pouco de criatividade quando possível.[29]

Atualmente, somente um pequeno número de pessoas tem acesso a um tipo de conhecimento que lhes seja suficiente para acumular algo que lhes propicie maior capacidade de viver com saúde e longevidade. Contudo, isso ainda permanece – via de regra – na esfera da necessidade prática imediata. Somente uma fração dessas se preocupa em entender o escopo do conhecimento científico contemporâneo. Não me refiro a especialidades, mas a ter sede de entender o quanto sabemos sobre o universo em que vivemos, e nossa posição nesse universo.

Novamente, não é de se admirar que apenas uma pequena fração das pessoas se ocupe com isso. Afinal, qual é o sentido prático de se conhecer a dança dos planetas e galáxias no universo, se não se trabalha com isso? Por conseguinte, concepções dissociadas do conhecimento tecnológico prosperam por toda a Terra, por puro desconhecimento ou desinteresse. Assim, cada um vê o mundo de uma maneira, limitada (ou não) pelo volume de saber que cultiva. Cada um possui a sua própria "verdade", cada um entende o universo segundo aquilo que seus próprios conseguem ver.

O que se entende por "verdade" no senso comum é algo muito mais enganoso do que se pode conceber. Do mesmo modo como pessoas olham para o céu e veem o que pensam ser estrelas, existem verdadeiras constelações de conceitos que são construções históricas, artificiais, ideias elaboradas para garantir o status social, a estrutura das relações sociais e econômicas. Esses conceitos são cuidadosamente inculcados nas nossas mentes desde muito cedo, de modo são parte de nossa visão do mundo.

A divulgação da ciência natural em linguagem laica começou efetivamente nos anos 80 do Século XX, com a obra

---

[29] ARENDT, Hannah. **A Condição Humana**. 10. ed. Trad. Roberto Raposo. Rio de Janeiro: Forense, 2005.

"Cosmos" de Carl Sagan[30], que já citei. Sua iniciativa não foi simplesmente um empreendimento estético, algo bonito e artístico, mas representou uma tentativa de tornar acessível um conhecimento que era tradicionalmente restrito ao universo acadêmico. E teve êxito: milhões puderam ter acesso a explicações fáceis e fundamentadas sobre a evolução da pesquisa científica, e desse modo, entender sua influência na vida prática, seus reflexos na política e nas relações dos humanos com o planeta em que vivem.

A Academia é a instituição que centraliza a pesquisa científica no mundo. Obviamente, não há uma só, mas são muitas universidades e centros de pesquisa espalhados pelo mundo, organizados para a finalidade de fomento da Ciência. É um universo próprio, custeado por governos e por empresas privadas, tradicionalmente distante do público leigo. Ela é o eixo responsável pelo desenvolvimento técnico que hoje presenciamos, capaz de propiciar diminuição nas taxas de mortalidade infantil e promover a longevidade das pessoas a números nunca antes alcançados, mas também responsável pelo desenvolvimento de armas nucleares, armamento de altíssima eficiência, instrumentos de destruição em massa, armas químicas e biológicas.

Além disso, tendo em vista o estreito relacionamento com governos e pessoas de grande poder, tanto político como econômico, reina, entre o público, a certeza de que o compromisso dessa instituição nem sempre é com o bem-estar comum, mas com as pessoas e organizações que a custeiam. Muitas vezes, os benefícios sociais da pesquisa científica não são compartilhados. Assim, como afirmou Marcelo Gleiser, físico e astrônomo brasileiro: "Existe um cinismo cada vez maior com relação à Ciência, uma sensação de traição, de promessas não cumpridas."[31] Não é surpresa, portanto, a desconfiança das pessoas na Academia.

---

[30] SAGAN, 2017.

[31] GLEISER, Marcelo. **O Fim da Terra e do Céu**: O Apocalipse na Ciência é na Religião. São Paulo: Cia. de Bolso, 2020, p. 91.

A iniciativa de Carl Sagan se justifica não apenas pela dificuldade de ensinar ciência às pessoas nas escolas convencionais, mas também por causa dessa natureza dual da Academia e da dificuldade das pessoas em confiarem naquilo que se divulga.

Ainda há outra questão: uma ilusão prevalecente de que a ciência é infalível. O advento do método científico foi um passo fundamental para o estabelecimento das ciências como fonte confiável de saber. Mas as elevadas expectativas das pessoas na capacidade da ciência de entender o Universo esbarram nas limitações da própria ciência: nem sempre os pesquisadores têm todos os dados de um determinado fenômeno, e forçosamente cometem erros. Erram por falta de informações, por falta de instrumentos de medição, por insuficiência de recursos, e, por vezes, por falta de critérios éticos ou morais. Afinal, são também humanos, falíveis como qualquer pessoa humana. A Ciência se reserva o direito de errar, sobretudo em campos virgens do saber.

Mas o que presenciamos nos últimos anos ultrapassa em muito a ideia de desconfiança e vácuo de conhecimento. Ideias há muito demonstradas falsas voltam à discussão, como se fossem temas atuais e merecedores de atenção. O terraplanismo é o melhor exemplo. Depois de séculos de observação dos céus com telescópios; depois de décadas de exploração do espaço próximo com nossos foguetes tripulados, com nossas estações espaciais, do espaço intrassistêmico com nossas sondas espaciais e até do espaço intergaláctico[32] com as sondas Voyager I e II, algumas pessoas retornam com convicção à teoria de que a Terra é um plano circular com uma abóboda, similar à concepção que Aristóteles tinha em sua época! E não são pessoas sem estudo nenhum, mas pessoas que receberam educação básica sobre ciências naturais, geografia e história, que conhecem (ou deveriam conhecer)

---

[32] Desde 2012 e 218, respectivamente! NASA JET PROPULSION LABORATORY. **Voyager:** Mission Status. Documento eletrônico, disponível em https://voyager.jpl.nasa.gov/mission/status/. Acesso em 09 ago 2023.

ciência o suficiente para saber da esfericidade da Terra e o heliocentrismo.

Existem provas reais de que o nosso esférico planeta azul definitivamente não é plano. A proposta contrária, nos tempos atuais, é, em si, um absurdo, diante do volume de evidências acumuladas sobre esse fato. Suscito essa teoria disparatada para ilustrar o fenômeno da existência de pessoas que acreditam numa falácia como se verdade fosse. Creio que o mesmo se aplica à maioria das teorias conspiratórias[33] envolvendo fatos científicos contestados.[34]

A Ciência contemporânea se construiu sobre a ideia de um método, um caminho constituído de etapas para se comprovar a validade de uma determinada teoria. Não se fala em verdade, mas em validade: uma teoria é válida enquanto existirem provas capazes de demonstrar essa validade. No momento em que existirem provas que demonstrem o contrário, tal teoria é abandonada como improvável.

A promoção de uma teoria improvável não é estruturada como se fosse uma irrealidade. As pessoas não escolhem acreditar numa mentira ou numa falácia. Acreditam porque foram convencidas a acreditar, porque reuniram em torno de si elementos suficientes para provarem com uma racionalidade própria, ainda que hermética e obtusa, que os pilares de sua

---

[33] Essas teorias merecem uma atenção mais detida, mas isso é assunto para outro momento. Existe toda uma indústria que lucra – e muito – com toda sorte de boatos conspiratórios, além de ser capaz até mesmo de interferir na política de países de tradição democrática. Veja-se FRONTLINE PBS. **United States of Conspiracy**. Documentário eletrônico, disponível em https://www.youtube.com/watch?v=hDXJ9OUco04&t=2415. Acesso em 27 mar 2023.

[34] Outro emblemático fato científico cuja participação humana é contestada é a mudança climática que presenciamos. A maioria esmagadora dos membros da comunidade científica mundial reconhece que a ação humana, de retirar hidrocarbonetos do subsolo e queimá-los na atmosfera, tem acelerado – e muito – as variações climáticas atuais. Tanto que nossa época é chamada por geógrafos de Antropoceno, o período em que a ação humana alterou a geografia do planeta. (PIVETTA, Marcelo. O Clima no Antropoceno. *In* **Revista Pesquisa FAPESP.** Documento eletrônico, disponível em https://revistapesquisa.fapesp.br/o-clima-no-antropoceno/. Acesso em 24 mar 2022.)

crença são provas de sua veracidade. E isso está em perfeita consonância com o modo padrão de ser das pessoas, com o chamado "senso comum", desde que a humanidade passou a registrar seus pensamentos à posteridade!

Há uma racionalidade inerente a todo sistema humano de crenças, seja ele moral, religioso, mitológico ou científico. Edgar Morin[35], filósofo francês contemporâneo, explica melhor isso, ao descrever um risco inerente a todo processo de racionalização:

> Mas a racionalidade traz também em seu seio uma possibilidade de erro e de ilusão quando se perverte, como acabamos de indicar, em racionalização. A racionalização se crê racional porque constitui um sistema lógico perfeito, fundamentado na dedução ou na indução, mas fundamenta-se em bases mutiladas ou falsas e nega-se à contestação de argumentos e à verificação empírica. A racionalização é fechada, a racionalidade é aberta. A racionalização nutre-se nas mesmas fontes que a racionalidade, mas constitui uma das fontes mais poderosas de erros e ilusões. Dessa maneira, uma doutrina que obedece a um modelo mecanicista e determinista para considerar o mundo não é racional, mas racionalizadora.

Os sistemas moral, religioso, mitológico de racionalidade, são expressão dessa perversão, especialmente por serem sempre herméticos, ou seja, fechados em si mesmos, e de pequena angulação ou de curto espectro (ou seja, obtusos). Todos se caracterizam por possuírem um conjunto de conceitos que são tomados como realidades absolutas, inquestionáveis e definitivas, mas válidos apenas dentro do universo que instituem. Não são sistemas abertos, sujeitos a

---

[35] MORIN, Edgar. **Os Sete Saberes Necessários à Educação do Futuro**. Tradução de Catarina Eleonora F. da Silva e Jeanne Sawaya. 2. ed. São Paulo: Cortez; Brasília, DF: UNESCO, 2000, p. 23.

questionamentos, a críticas, a argumentos contrários às suas bases. E a esses tipos de pensamento se aplica o que Marcelo Gleiser afirmou[36]:

> A ciência, bem como qualquer outro tipo de argumentação racional, é completamente impotente contra esse tipo de extremismo religioso. Sempre irão existir pessoas para quem o caminho da salvação espiritual se baseia em uma lógica que só enxerga em preto e branco.

A Ciência é o único sistema conhecido cujos fundamentos são constantemente submetidos à crítica. Toda teoria científica (para ser assim chamada) precisa ser submetida à consideração criteriosa da comunidade de pesquisadores da mesma área dessa teoria e a quem mais quiser se manifestar. Isso não impede que teorias equivocadas surjam, mas é uma forma razoavelmente eficiente do controle de validade dessas teorias.

Já mencionei que a Ciência não foge à regra humana da falibilidade. Isso é inerente ao próprio ser humano. Como disse Edgar Morin[37]:

> Nossos sistemas de ideias (teorias, doutrinas, ideologias) estão não apenas sujeitos ao erro, mas também protegem os erros e ilusões neles inscritos. Está na lógica organizadora de qualquer sistema de ideias resistir à informação que não lhe convém ou que não pode assimilar. As teorias resistem à agressão das teorias inimigas ou dos argumentos contrários. Ainda que as teorias científicas sejam as únicas a aceitar a possibilidade de serem refutadas, tendem a manifestar esta resistência. Quanto às doutrinas, que são teorias fechadas sobre elas mesmas e absolutamente

---

36 GLEISER, 2020, p. 96.
37 MORIN, 2000, p. 22.

convencidas de sua verdade, são invulneráveis a qualquer crítica que denuncie seus erros.

Para descrever a dinâmica da agnotologia, acho necessário considerar mais um pouco o exemplo que suscitei, sobre o terraplanismo. A ideia de que a Terra seja plana não é nova. Ela existe desde tempos imemoriais, e está inscrita na mitologia de muitos povos.[38] Na antiguidade, as religiões dos egípcios, babilônios, gregos[39], celtas, povos do norte europeu[40], indianos, chineses, concebiam a Terra como um plano circular abaixo de uma abóbada semiesférica, como uma metade de laranja invertida. Na Europa medieval, a fusão de ideias judaico-cristãs com o helenismo estabeleceu definitivamente como dogma a ideia grega de uma Terra circular, mas plana.

Esse dogma se fundava em aparências, nos limites da percepção visual humana[41], e consistia num dos elementos da concepção antropocêntrica do mundo, que considera o mundo como se o planeta tivesse sido feito para o serviço e gozo da humanidade. É o que o mito judaico-cristão do Gênesis estabelecia. Questionar esse dogma equivalia a questionar, não apenas Aristóteles e a tradição de Ptolomeu, mas o livro sagrado, a Bíblia judaico-cristã, e sujeitava o crítico às chamas do inferno.[42]

---

[38] BAUGH, L. Sue. Flat Earth. *In* **Britannica**. Documento eletrônico, disponível em https://www.britannica.com/topic/flat-Earth. Acesso em 23 jun 2023.

[39] Foram exatamente os primeiros filósofos gregos os que iniciaram os estudos que indicaram a esfericidade da Terra. GLEISER, Marcelo. **A Dança do Universo**: Dos Mitos da Criação ao Big-Bang. São Paulo: Companhia das Letras, 1997.

[40] Esses povos foram coletivamente chamados de Vikings, mas a terminologia é enganosa, pois nunca foram um povo único.

[41] BRAZIL, Rachel. Fighting Flat-Earth Theory. *In* **physicsworld**. Documento eletrônico, disponível em https://physicsworld.com/a/fighting-flat-earth-theory/. Acesso em 18 mar 2022.

[42] Impacientes em ver a "justiça" ser feita, líderes religiosos católicos e protestantes se anteciparam ao Juízo Final e garantiram que os que propagassem a dúvida no dogma geocêntrico fossem queimados aqui na Terra, mesmo. Veja-se o exemplo de Giordano Bruno, filósofo da cidade de

Foi a partir de observações e proposições feitas por Nicolau Copérnico[43] que se passou a questionar abertamente essa ideia. A obra de Copérnico *De Revolutionibus Orbium Coelestium*[44] foi publicada no mesmo dia de sua morte, de modo proposital, visto que seu autor não se quis dispor a ser alvo da fúria da Igreja cristã. A partir disso, dos trabalhos matemáticos de Johannes Kepler e Tycho Brahe, e especialmente das observações de Galileu feitas com seu telescópio, pôde-se comprovar matemática e empiricamente que a Terra e os planetas giram em torno do Sol. E mais: em órbitas elípticas!

Posteriormente, aumentou-se a capacidade dos telescópios, colocaram-se câmeras na órbita terrestre e se tornou evidente a esfericidade – e não circularidade – da Terra.

Mas a teoria da Terra plana persiste. Na verdade, sempre teve seus ardorosos defensores, profundamente céticos daquilo que os cientistas afirmavam. Contudo, ela foi "institucionalizada" nos anos 70 do Século XX, com o estabelecimento da *Flat Earth Society*.[45] Dali em diante, séculos de ciência são desconsiderados por pessoas que escolhem acreditar na argumentação terraplanista.

Essa "racionalidade" é feita através de algumas proposições curiosas, que foram resumidas no texto de apresentação da

---

Nola que desafiou a hegemonia dos centros de saber de seu tempo, pagando com a própria vida numa fogueira. MARQUES, Daniela de Freitas. **Os Espelhos do Sistema Jurídico-Penal:** Giordano Bruno, o Herege. Porto Alegre: Sérgio Antônio Fabris Editor, 2011.

[43] WESTMAN, Robert. S. Nicolaus Copernicus. *In* **Britannica**. Documento eletrônico, disponível em https://www.britannica.com/biography/Nicolaus-Copernicus. Acesso em 17 mar 2022.

[44] Da Revolução das Esferas Celestes.

[45] O fenômeno de resistência a inovações não ocorre somente contra a Ciência. Aparentemente, toda mudança, todo progresso nas ideias acarretam algum tipo de reação. Como disse Edgar Morin na obra citada, os sistemas de pensamento, ideias e conceitos "protegem os erros e ilusões neles inscritos". E isso ocorre porque a mudança requer disposição e esforço, um verdadeiro compromisso com a natureza das coisas. O saber é elusivo, ou seja, ele nem sempre é evidente. A natureza das coisas é oculta, e se revela somente quando presentes as condições para que isso ocorra. Isso foi o que Morin quis destacar.

Convenção Nacional da Terra Plana, ocorrida em São Paulo, Brasil, em 2019:[46]

> A Terra está parada. Não se move. A superfície da Terra é plana. Há uma cúpula sobre nós chamada o Firmamento. O sol, a lua e as estrelas estão sob a cúpula do Firmamento. O sol e a lua são muito menores e mais próximos do que nos dizem. O sol e a lua se movem em seus próprios padrões sobre a superfície da Terra. Não há planetas. Apenas estrelas no céu. Não há espaço. Não podemos sair da cúpula. Está tudo bem aqui, pessoal!

Tudo o que se afirmou contradiz o que se sabe a partir dos estudos de astronomia e geografia básica.

As pessoas que adotam essa crença vivem dentro de bolhas conceituais e sociais, e só se relacionam com pessoas que acreditam e defendem essa ideia. Vivem sua crença compartilhada com fervor religioso. A negação de suas convicções é vista como elemento da conspiração instaurada contra si. A crítica é considerada um elemento diabólico, cuidadosamente preparada para afastar a pessoa da fraternidade.

Assim, está pronta a receita para um caldo impuro, seja qual for seu conteúdo material: uma teoria improvável é elevada ao *status* de fato "científico", "comprovado" por experiências sem elementos de controle de validade, por argumentação dogmática, num universo fechado ao resto do mundo.

Nesse fenômeno, as redes sociais se destacam como o solo perfeito para a proliferação dessas bolhas conceituais,

---

[46] *Apud* MELO, Itamar. Sete afirmações feitas pelos terraplanistas e os motivos de eles estarem enganados. *In* **GZH Ciência e Tecnologia**. Documento eletrônico, disponível em https://gauchazh.clicrbs.com.br/tecnologia/noticia/2019/08/sete-afirmacoes-feitas-pelos-terraplanistas-e-os-motivos-de-eles-estarem-enganados-cjze68lgl038r01qmslcdjmbp.html. Acesso em 23 jun 2023. Ver também BRAZIL, 2022.

universos fechados onde todos concordam entre si e consideram as outras pessoas como expressão máxima do erro e da ignorância.

Poderíamos citar muitos comportamentos humanos que se baseiam em medo, tradição, superstições, conceitos religiosos de probabilidade duvidosa, e muitas vezes em satisfação psicológica.[47] Esses comportamentos podem ser socialmente inócuos ou inofensivos, como o exemplo citado, mas podem também ser severamente danosos, quando relacionados a questões de saúde.[48]

Considerei o trágico exemplo da teoria da terra plana para demonstrar que mesmo o mais evidente fato científico pode ser questionado quando não se conhece o básico da Ciência. Neil de Grasse Tysson, astrofísico contemporâneo, herdeiro do papel de Carl Sagan no trabalho de divulgação da Ciência – hoje, muito mais avançada e rica do que na época do lançamento de *Cosmos* em 1979 – definiu magistralmente o problema. Afirmou: "Um grande desafio da vida: saber o suficiente para saber que você está certo, mas não o suficiente para saber que você está errado."[49]

Isso se aplica a todas as esferas da vida em que se pode estabelecer uma relação de certeza e erro. Sim, pois existem

---

[47] Ainda que a pessoa acredite que dançar e cantar sob o Sol possa trazer nuvens e fazer chover, sabemos que isso não ocorre por causa da sua dança ou de seu canto. As causas dos fenômenos são físicas. Não nego a existência de fenômenos ditos *paranormais*. O problema são as explicações que as pessoas elaboram para tais. Essas explicações não se validam pelas boas intenções, pelos seus conceitos religiosos, ou por sua fé. Só porque a pessoa acredita firmemente em algo, com toda a sua convicção, não torna a explicação do fenômeno em algo válido, dentro dos parâmetros de verificabilidade científica desenvolvidos para nossa segurança.

[48] Tome-se o exemplo das violentas manifestações contra medidas de contenção durante pandemia. A desinformação é um grave fator que contribui na disseminação das doenças. Veja-se, no caso do Ebola, FIDLER, David P. Disinformation and Disease: Social Media and the Ebola Epidemic in the Democratic Republic of the Congo. *In* **Council on Foreign Relations**. Documento eletrônico, disponível em https://www.cfr.org/blog/disinformation-and-disease-social-media-and-ebola-epidemic-democratic-republic-congo. Acesso em 26 jun 2023.

[49] TYSSON, 2017.

esferas em que essa relação não se aplica, como as que envolvem gostos e preferências pessoais. Certeza e erro são limites reais quando se trata de esferas que já acumularam história e provas suficientes para serem consideradas factuais. O campo científico natural é especialmente cristalino, mas em outros campos, as coisas são mais turvas.

Nas ciências humanas[50], o objeto da ciência é mais elusivo e complexo do que nas ciências naturais. Enquanto frequências energéticas não observáveis são mensuráveis por instrumentos de detecção, não há máquinas para medir o humano. Tentar definir o ser humano, seus padrões de comportamento, os padrões, convenções e regras sociais, seus devaneios religiosos, colocar tudo numa só "caixa" conceitual, é um grande desafio. Isso porque o humano é um ser multifacetado e complexo demais para ser encaixado numa perspectiva limitada, obtusa, fechada em suas próprias existências como somos cada um de nós.

Em ciências que tratam de valores, a coisa é ainda pior. Essas ciências são a Ética, a Religião e o Direito. Ética estuda a moral, a Ciência da Religião estuda as diversas formas como o sentido do sagrado se manifesta, e o Direito estuda as formas como o ser humano se normatiza. Enquanto o Direito trata de leis, o que é certo e errado, ou o que é sagrado e profano, para uma pessoa ou uma sociedade específica, não é necessariamente o mesmo para outras pessoas ou sociedades. Falarei disso com mais profundidade em breve. Por hora, gostaria apenas de destacar que quando trato de Ciências, faço essa distinção entre as ciências da natureza, ciências humanas e ciências de valores, chamadas também de axiológicas.

Referindo-se à esfera axiológica, Friederich W. Nieztsche, importante filósofo do Século XIX, afirmou que, diferentemente da esfera das ciências naturais, na esfera humana não existem fatos, mas interpretações. Ele escreveu:

---

[50] Entre as ciências humanas encontram-se Filosofia, Sociologia, História, Geografia, Letras, Teologia, Antropologia, Psicologia, Economia, Comunicação Social, Psicologia, Linguística, Artes, e outras.

"Interpretação", a introdução do significado – não "explanação" (na maioria dos casos, uma nova interpretação sobre uma antiga interpretação que se tornou incompreensível, que agora é apenas um signo). Não há fatos, tudo está em fluxo, incompreensível, elusivo; o que é relativamente mais duradouro é – nossas opiniões.[51]

Feita essa distinção entre as três esferas da ciência, podemos perceber que cada uma possui modos diferentes de serem construídas e lidas. Ciências naturais são comprovadas por experimentação e instrumentação científica capaz de identificar os seus fenômenos e suas partes constitutivas. São estudadas através de telescópios, microscópios, aceleradores de partículas, *scanners* de ressonância magnética, de ultrassom, *laser* ou ondas de rádio, apenas para ilustrar alguns. Afinal, dependemos de uma grande série de fenômenos científicos na construção nossas vidas, seja privada ou pública: a energia elétrica, o calor do fogo e a energia por ele gerada nos motores de combustão; a aderência dos pneus no asfalto; a flutuabilidade dos objetos na água; a resistência do ar, capaz de viabilizar o voo de aviões que pesam toneladas; o crescimento das plantas e a reprodução dos animais, que nos servem de alimento; a sucessão das estações do ano e o próprio fluxo unidirecional do tempo. Temos certeza desses fenômenos, temos provas de sua existência, confiamos em que eles ocorrerão, tanto que pautamos nossas vidas nessa convicção. Confiamos, na verdade, nos instrumentos de diagnóstico e medição desses fenômenos.

---

[51] *"'Interpretation', the introduction of meaning — not "explanation" (in most cases a new interpretation over an old interpretation that has become incomprehensible, that is now itself only a sign). There are no facts, everything is in flux, incomprehensible, elusive; what is relatively most enduring is — our opinions".* Aforismo nº 604 de A Vontade de Poder. (NIETZSCHE, Friederich W. **The Will To Power**. Trad. Walter Kafumann e R. J. Hollingdale. New York: Vintage Books, 1968.)

Diferentemente das Ciências naturais, as Ciências humanas são estudadas através de observações de comportamentos individuais ou sociais, feitas por pesquisadores que, utilizando algum método científico adequado para controle, interpretam esses comportamentos individuais ou sociais, ou estados emocionais, a partir de uma determinada teoria científica objetiva. É a partir desses objetos – relações sociais, políticas e econômicas, conduta e estados emocionais da pessoa humana – que são construídas as teorias que tentam descrever o existir da humanidade.

Os instrumentos de medição das ciências humanas são as pesquisas de campo, análise psicológica, sociológica, antropológica, análise histórica, mapeamento de comportamentos sociais e econômicos. Contudo, são muito menos divulgados, muito menos percebidos, e sua análise definitivamente não é tão instigante e espetacular quanto a análise de fotos tiradas pelos gigantescos telescópios atualmente disponíveis à pesquisa astronômica, ou a partir da colisão de partículas subatômicas produzidas dentro dos muitos aceleradores de partículas já construídos.

Em todas essas esferas de pesquisa, tenham elas por objeto os fenômenos naturais ou fenômenos sociais e psicológicos humanos, sempre há alguém disposto a lançar dúvida sobre os resultados das pesquisas. Todas as ciências são alvo de questionamento, e isso é ótimo. Dúvidas não são ruins. Pelo contrário, são um importante elemento do método científico. Sem elas, não há ciência. Através da dúvida se estabelecem estratégias para comprovação ou refutação das teorias. Assim, elas são como sinais de tráfego, permitindo a continuação do fluxo da pesquisa ou estabelecendo seu fim.

O cético absoluto é um extremista que não consegue acreditar em nada, e que, desse modo, inviabiliza qualquer conhecimento, que se dá por acumulação. Ele não tem dúvidas: ele só tem uma convicção, e uma só: o conhecimento não é possível.

Dúvidas são bem-vindas, mas podem ser também instrumentos de ignorância. Imagine uma criança: ela aprende, e tem prazer em aprender. Via de regra, primeiro a andar, a falar, e depois quer abraçar o mundo inteiro com sua curiosidade, nascida das dúvidas que cria em sua mente! Mas imagine que essa criança, por volta de seus dez anos, afirme que não precisa mais aprender, pois já adquiriu todas as habilidades necessárias a compreender o mundo. É óbvio que essa criança deixará de alcançar sua plenitude existencial. Ela poderia aprender muito mais do que seus poucos anos de vida lhe ensinaram.

Algo similar ocorre com pessoas que se contentam em aprender sua profissão e alguma habilidade social. Embora sejam aptas a "fazer dinheiro" para suprir seu sustento e de sua prole com mais ou menos tranquilidade, perdem muito ao não chegarem a conhecer aquilo que se tem descoberto na Ciência. E o pior: muitas definitivamente não querem, pois estão contentes com sua situação. Podem comer, beber, cuidar de sua saúde, morar num lugar suficientemente aprazível. Para que se esforçar? A zona de conforto existencial realmente é muito aconchegante, mas ao se recusar a extrapolar suas perspectivas do saber, não é que a pessoa simplesmente deixa de conhecer algo novo; ela deixa de ser transformada.

O saber transforma. Por exemplo, as noções básicas da Astronomia: quando a pessoa consegue dimensionar mentalmente as distâncias astronômicas, sua primeira reação é o espanto, a admiração, o deslumbre. A segunda reação é a pessoa se perceber no Universo como um cisco diminuto, pousado sobre um grão de areia de um deserto infindável. A pessoa se descobre pequena, frágil e vulnerável. Descobre-se iludida por seus próprios olhos, que desenham diante de si imagens que não correspondem à realidade.[52]Por fim, chega-

---

[52] Refiro-me à aparente posição dos astros nos céus terrestres. A luz dos astros que observamos, seja a olhos nus, seja com instrumentos, foi emitida a tantos anos quantos são as distâncias desses astros. Ao colocarmos dois deles, um ao lado do outro, encontraremos, por exemplo, uma disparidade: um deles está a mil anos luz, e outro a dois mil. Um deixou de existir a apenas 500 anos, e ainda não deixou de brilhar nos céus. O conhecimento científico pode desfazer ilusões.
Por causa disso, qualquer pessoa que dê os primeiros passos no conhecimento da Astronomia toma consciência de que a Astrologia definitivamente não é uma ciência, visto ser baseada em premissas

se à certeza de que a vida é uma dádiva especial, rara e valiosa, e por ser tão rara, mais do que merece ser cultivada e conservada.

Entender o Universo é libertador. Do mesmo modo, entender a vida humana. Compreender a dinâmica social e psicológica é romper ilusões. As Ciências sociais também têm padrões que podem ser compreendidos, através de estudos e pesquisas com metodologias próprias de atuação. Viver em sociedade sem a compreensão do caráter dinâmico das relações sociais, políticas e econômicas é ser colocado num barquinho a remo em meio a uma tempestade. As sociedades ascendem e decaem, e os fenômenos se repetem, respeitadas as diferenças temporais.

Uma história antiga, contada por Sócrates, importante filósofo grego que viveu no Século VAC, e registrada por Platão[53]em "A República"[54], ilustra com muita clareza o poder libertador do saber, ao mesmo tempo que expõe a trágica condição de quem prefere permanecer na ignorância:

> - Agora imagina a maneira como segue o estado da nossa natureza relativamente à instrução e à ignorância. Imagina homens numa morada subterrânea, em forma de caverna, com uma entrada aberta à luz; esses homens estão aí desde a infância, de pernas e pescoço acorrentadas, de modo que não podem mexer-se nem ver senão o que está diante deles, pois as correntes os impedem de voltar a cabeça; a luz chega-lhes de uma fogueira acesa numa colina que se ergue por detrás deles; entre o fogo e os prisioneiros passa uma estrada ascendente. Imagina que ao longo dessa

---

absolutamente equivocadas: a aparente posição dos astros nos céus terrestres. As predições e interpretações de astrólogos pertencem exclusivamente ao campo da pura fé, ainda que aparentemente estruturada em uma lógica e linguagem próprias.

[53] Nascido por volta de 428 a. C. , e falecido por volta de 348 a. C. .

[54] PLATÃO. **A República.** Trad. Enrico Corvisieri. São Paulo: Nova Cultural, 1997. Livro VII.

estrada está construída um pequeno muro, semelhante às divisórias que os apresentadores de títeres armam diante de si e por cima das quais exibem as suas maravilhas.

[. . .]

- Imagina agora, ao longo desse pequeno muro, homens que transportam objetos de toda espécie, que o transpõem: estatuetas de homens e animais, de pedra, madeira e toda espécie de matéria; naturalmente, entre esses transportadores, uns falam e outros seguem em silêncio.

Esses homens só conheceriam imagens, sombras, ilusões de realidade. Suas concepções sobre as coisas corresponderiam à sua aparência, e nunca à sua essência. Enfim, nada corresponderia ao verdadeiro ser dos objetos e dos fenômenos.

Sócrates continua a história, descrevendo uma mudança importante:

- Considera agora o que lhes acontecerá, naturalmente, se forem libertados das suas cadeias e curadas da sua ignorância. Que se liberte um desses prisioneiros, que seja ele obrigado a endireitar-se imediatamente, a voltar o pescoço, a caminhar, a erguer os olhos para a luz: ao fazer todos estes movimentos sofrerá, e o deslumbramento impedi-lo-á de distinguir os objetos de que antes via as sombras. Que achas que responderá se alguém lhe vier dizer que não viu até então senão fantasmas, mas que agora, mais perto da realidade e voltado para objetos mais reais, vê com mais justeza? Se, enfim, mostrando-lhe cada uma das coisas que passam, o obrigar, à força de perguntas, a dizer o que é? Não achas que ficará embaraçada e que as sombras que via outrora lhe parecerão mais verdadeiras do que os objetos que lhe mostram agora?

Sair de uma condição de ignorância para outra de conhecimento é, de fato, uma libertação. E aquele homem, ao considerar sua nova situação, se compadece de seus companheiros e volta à caverna para tentar libertá-los. Mas ocorre que os prisioneiros não se dispõem a seguir o seu caminho. Riem-se dele, das descrições que ele tenta dar das sombras que se projetam na parede da caverna, e se recusam a subir à luz. Preferem o conforto das suas ilusões, e, como disse Sócrates, "se a alguém [esse homem] tentar libertar e conduzir para o alto, esse alguém não o mataria, se pudesse fazê-lo?"

Sim, a ignorância pode ser confortável, cômoda. E tanto mais agora, em nosso tempo de confortos e facilidades. De fato, José Saramago, escritor de uma obra magistral sobre o assunto[55], afirmou em uma entrevista, que "Hoje é que estamos a viver, de fato, na Caverna de Platão, pois as imagens que nos são mostradas da realidade, de certa maneira, substituem a realidade".[56] E as pessoas preferem não mais conhecer para preservar sua própria concepção de mundo.

Entender as sociedades é bem assim. Quando se comparam os modos de vida das sociedades, das culturas e das civilizações, percebe-se que o atual modo de viver é apenas mais um entre muitos, que os conceitos aparentemente tão sólidos de bem e mal, certo e errado, família, governo, nação, toda essa aparente solidez se dissolve num grande caldo histórico, no qual somos apenas entes e eventos temporários, fadados inevitavelmente a deixar apenas algumas pegadas na areia, que serão rapidamente apagadas pelo passar do tempo.

---

[55] SARAMAGO, José. **A Caverna**. São Paulo: Companhia das Letras, 2000.
[56] *Apud* AYRES, Nicole. Saramago e a Pergunta: Vivemos Hoje o Mito da Caverna? *In* **Homo Literatus**. Documento eletrônico, disponível em https://homoliteratus.com/saramago-mito-da-caverna/. Acesso em 27 jun 2023. A entrevista está disponível na plataforma YouTube, no *link* https://www.youtube.com/watch?v=GpTuO6qym5w.

Mas via de regra, o que impede o acesso a um conhecimento mais profundo das coisas, com base científica, não é apenas a complacência da pessoa em sua zona de conforto. Na maioria das vezes, a condição da pessoa no mundo é a grande responsável por encerrá-la em ciclos de reprodução material inócuos, que lhe torna a vida um mero repetir de comportamentos. Hanna Arendt[57], filósofa alemã do Século XX, propõe uma distinção entre obra –*opus* em latim, e trabalho, palavra que tem *tripalium* (um tipo de chicote usado para flagelar escravos) em sua raiz. Obra é a criação inovativa, a invenção que transforma a vida; é o fogo que o humano faz, o arado, a roda, o moinho, a carro, a lâmpada. Quem constrói uma ponte, une mundos. Por outro lado, trabalho é a apenas busca pelo sustento: a semeadura, a colheita, a caça, o trato com o rebanho. É uma atividade incessante, posto que se baseia em necessidades vitais. E contemporaneamente, o trabalho se tem diversificado imensamente, em funções mecânicas, repetitivas, cuja execução cega tão somente garante ao trabalhador um sustento básico, na maioria das vezes precário, que mal garante para si e para sua prole vida plena.[58]

Muito pouca gente tem possibilidade de criar algo novo, original. Nascemos numa civilização avançada, cheia de facilidades para a realização do trabalho: máquinas de todo tipo, ferramentas e instrumentos extremamente eficazes para garantir a mais eficiente produção, a mais farta colheita, a maior quantidade de produtos com o menor investimento possível. E atualmente, há uma forte tendência de

---

[57] ARENDT, 2005.

[58] Sei que esse é um daqueles conceitos líquidos. Vida plena para um aborígene da Austrália significa uma coisa, e para um morador de metrópole significa outra. Convenhamos, portanto: vida plena inclui alimentação suficiente para saciar a fome; inclui saúde – com longevidade, se possível; inclui espaço vital de moradia e livre trânsito; inclui alegria, lazer, cultura, sem descurar de paz e segurança. E inclui liberdade, temperada com responsabilidade. Isso é um ideal, mas podemos adotar essa ideia como referência no raciocínio que ora construímos.

mecanização, de modo que se tem buscado uma produção com o menor investimento de força humana possível.

Nas sociedades industriais, enquanto a mão-de-obra (que deveria ser chamada de "mão-de-trabalho", na verdade) era indispensável à produção dos meios de vida, ela recebia farto investimento. As fábricas contavam com exércitos de trabalhadores. Agora, quanto menos gente melhor. Menos pessoas, maior qualificação, ou seja, mais estudo, preparo e habilidade para controlar a própria máquina produtiva, enquanto essa não aprende a controlar a si mesma e a outras máquinas. O trabalho do homem está sendo substituído pelo trabalho do robô. Isso ocorre em áreas econômicas de alta afluência de dinheiro, ao passo que em muitas outras, continua a prosperar, de modo cada vez mais cruel, a exploração do trabalho proletário.

Enquanto escrevo essas linhas, e enquanto o ser humano se estupidifica em seus confortos, a inteligência artificial cresce exponencialmente. Seus limites são a vontade de seus criadores e seus proprietários, cuja ética e juízo são, no mínimo, duvidosos. Os efeitos de seu advento na história da humanidade ainda são incertos. Para o bem e o progresso, muito se espera, mas também se espera a realização de tragédias distópica como as descritas em filmes de ficção científica, em que máquinas tomam as rédeas da história e transformam a humanidade em fonte de energia e trabalho para si próprias.

Apesar da imensa disponibilidade de instrumentos e procedimentos para produzir sua sobrevivência, a grande massa da humanidade ainda se vê presa às estruturas de produção, seja pela indisponibilidade desses instrumentos e procedimentos em sua região geográfica, seja por sua incapacidade pessoal de operá-los. Assim, essa massa é mantida, como já disse, em perpétuo estado de ignorância, carência material e subserviência, tendo de se contentar em realizar atividades extenuantes até que a morte lhes alivie a labuta. E sua prole, se não buscar meios de quebrar esse ciclo vicioso, estará condenada ao mesmo destino.

O grave problema é que esse modelo de sociedade de exploração é o que se expande sobre a Terra, e não um modelo sustentável, equilibrado e inclusivo.

Nenhuma dessas constatações são novas. Karl Marx e Friedrich Engels as elencaram num folheto distribuído entre a população proletária a partir de 1848[59]. O diagnóstico das relações de poder econômicas e sociais, que resultaram (desde sempre) na exploração da força de trabalho alheia e na violenta alienação das pessoas submetidas foi preciso, ainda que o prognóstico se tenha mostrado demasiado otimista.[60]

Um dos instrumentos dessa exploração foi (e ainda é) a ideologia, entendida como o conjunto de ideais e concepções que constituem a visão de mundo cultivada pelas pessoas de determinado grupo. É um modo de "naturalizar" conceitos, relações e instituições, para fazer com que as pessoas as aceitem de modo dócil, ainda que esses conceitos, relações e instituições existam para conter-lhes a liberdade, a autonomia, e sua própria felicidade. Uma definição do que é ideologia foi proposta por István Meszáros, filósofo húngaro contemporâneo[61]:

> Na verdade, a ideologia não é ilusão nem superstição religiosa de indivíduos mal-

---

[59] MARX, Karl Heinrich e ENGELS, Friedrich Engels. **Manifesto do Partido Comunista**. Trad. José Barata Moura. Lisboa: Avante!, 1997. Documento eletrônico, disponível em https://www.marxists.org/portugues/marx/1848/ManifestoDoPartidoComunista/index.htm. Acesso em 26 nov 2020.

[60] O prognóstico foi lamentável, conforme constatamos dos próprios eventos que se sucederam à publicação do Manifesto Comunista. Logo em 1848, na Segunda Revolução Francesa, as expectativas utópicas do proletariado foram colocadas à parte por seus próprios representantes parlamentares. Suas demandas por alimento, moradia e saúde foram tratadas como revolta. Em três dias, 1. 500 mortos e 12.000 presos e, desses, muito exilados. A força das armas foi maior do que a força das massas. (BRITANNICA. **France – The Second Republic and Second Empire**. Documento eletrônico, disponível em https://www.britannica.com/place/France/The-Second-Republic-and-Second-Empire#ref40438. Acesso em 24 mar 2022.)

[61] MÉSZAROS, István. **O Poder da Ideologia**. Trad. Paulo Cézar Castanheira. São Paulo: Boitempo Editorial, 2004, p. 65.

orientados, mas uma forma específica de consciência social, materialmente ancorada e sustentada. Como tal, não pode ser superada nas sociedades de classe. Sua persistência se deve ao fato de ela ser constituída objetivamente (e constantemente reconstituída) como consciência prática inevitável das sociedades de classe, relacionada com a articulação de conjuntos de valores e estratégias rivais que tentam controlar o metabolismo social em todos os seus principais aspectos. Os interesses sociais que se desenvolvem ao longo da história e se entrelaçam conflituosamente manifestam-se, no plano da consciência social, na grande diversidade de discursos ideológicos relativamente autônomos (mas, é claro, de modo algum independentes), que exercem forte influência sobre os processos materiais mais tangíveis do metabolismo social.

Ideologia, seja ela política ou religiosa, muito mais do que um conjunto de conceitos, é um poderoso instrumento de controle. Isso porque cada ideologia traz, em si, uma ética própria. Por exemplo, toda ideologia tem um conceito sobre família, que encontra sutis diferenças de definição, quando comparada com outras ideologias. "Família cristã" não se confunde com as novas famílias de dois pais ou duas mães, assim como não se confunde com famílias poligâmicas em que um homem tem várias esposas, nem com famílias poliandricas, em que uma mulher tem vários maridos. Quem se atrever a contradizer o conceito da ideologia dominante, sofrerá algum tipo de sanção, sejam reprimendas morais, ostracismo, "cancelamento" social, e por vezes, até violência física.

Assim, quando uma pessoa de fortes convicções toma conhecimento de que suas concepções e conceitos não são absolutos, ou seja, que não são universais, é muito mais provável que a pessoa rotule o que não lhe convém como "errado" ou "falso" e se apegue ao que lhe é ditado por suas convicções. Reconhecer a relatividade de sua ideologia não é uma opção para ela. O prisioneiro prefere o conforto da caverna à liberdade do mundo real.

Ao lado do progresso nas ciências, verificado no Século XX, mencionei também o progresso na ideia de Direito, consubstanciada na Declaração Universal dos Direitos do Homem, proclamada em 1948 e, desde então, endossada pelos ordenamentos jurídicos de 193 países. Contudo, assim como persistem concepções equivocadas relativas aos mais diversos campos das ciências – movimentos negacionistas de fatos científicos[62]– persistem também ideias obsoletas relativas aos direitos humanos. A agnotologia nessa esfera é, muito provavelmente, a mais perversa de todas as mazelas e anacronismos que contaminam e sabotam o progresso humano. Vamos considerar mais detidamente esse assunto.

---

[62] Adoto a distinção entre *fatos* científicos e *teorias* científicas. Enquanto contra os primeiros não exista dissenso relevante e não existam mais provas em contrário, contra as segundas ainda pode haver contestações sérias e frequentes. Mas veremos ainda como se pode manipular essas contestações contra fatos científicos, especialmente com a comunicação de massas.

"Expectativas" Frustradas

Os direitos humanos são uma categoria única de garantias jurídicas. Eles definem os limites da liberdade das pessoas e as expectativas que elas podem ter perante os governos com quem se relacionam, seja como cidadãos, seja como estrangeiros. Definem os limites da atuação do Estado, criando trilhos que norteiam os rumos e modos do poder institucionalizado. Após a Segunda Guerra Mundial, tentou-se construir o esqueleto jurídico de um mundo melhor, em que as pessoas não fossem desprezadas, maltratadas ou mortas por causa de sua etnia, por causa de sua nacionalidade ou por causa de sua religião; em que as pessoas pudessem contar, desde crianças, com uma educação libertadora de preconceitos e superstições, apta a lhes ampliar os horizontes existenciais e lhes dar instrumentos para viver com plenitude, felicidade, respeito aos outros e compreensão da diversidade própria ao ser humano.

Se remontarmos às origens da humanidade, encontraremos direitos. Afinal, as sociedades precisam de ordem, e as normas jurídicas, entendidas como aquelas formas de regulação de conduta que possuem universalidade, imperatividade e coercitividade (ou formas de sanção pelo seu descumprimento), estão presentes em praticamente todas as sociedades humanas, desde as primitivas até – e especialmente – as mais desenvolvidas.[63]

Todo direito, no mundo antigo, se originou de um costume que se tornou tradicional e, assim, foi elevado a uma categoria superior de obrigatoriedade. Uma vez universalizado, todas as pessoas deveriam se submeter a esse costume. Regras se produzem por tradição, via de regra. O costume de registrar regras em texto escrito é mais recente, e graças a isso, temos conhecimento das regras mais antigas. Os primeiros direitos de que se tem notícia foram registrados em pedra por reis-sacerdotes no mundo antigo.

As regras jurídicas se tornaram, assim, um instrumento de ordem, de preservação da paz social e do *status* das relações sociais, ainda que nem sempre essas relações satisfizessem o que hoje consideramos justo. Na verdade, em muitas situações, as regras jurídicas serviam exatamente para garantir a desigualdade entre grupos sociais, a concentração da riqueza e do poder nas mãos de uns poucos que se faziam superiores ao restante da população. O compromisso do direito é com a ordem social. Justiça é um efeito secundário, quase uma consequência.

Os direitos humanos têm história. Não são uma invenção contemporânea, algo que surgiu somente no Século XX como reação aos abusos ocorridos na Segunda Grande Guerra Mundial. Os direitos da pessoa humana remontam, no mundo ocidental, a um documento que se chamou de *Carta Magna*. Esse documento, assinado pelo Rei da Inglaterra em 1215, era uma garantia aos "homens livres" contra atos reais de expropriação ou prisão, frequentemente arbitrários. A expressão "homens livres" não se referia a todos os homens, mas somente aos proprietários de terra ou membros do clero. Com o passar do tempo, ampliou-se para incluir qualquer ser

---

[63] Para uma pesquisa mais aprofundada sobre Direitos e a ideia de Justiça, sugiro a leitura de outra obra minha: **Direito e Justiça**: Sem Ilusões. Belo Horizonte: Emir Maluf, 2021. Veja https://www.amazon.com.br/DIREITO-JUSTI%C3%87A-Ilus%C3%B5es-Emir-Maluf-ebook/dp/B09NMR7WH8.

humano, independentemente de sua origem, condição, posse ou propriedade.[64] Mas isso demorou muito.

Para nossa sociedade, a ideia de liberdade pode parecer inerente à própria natureza humana. Historicamente, contudo, não é bem assim. Pessoas com poder político, bélico ou econômico não se contentam em possuir coisas. Desde sempre, o maior trunfo é "possuir" outros humanos, ser capaz de lhes ditar a vida e a morte. Quantos reis, quantos sacerdotes, não viveram – e morreram – por essa causa, para garantir a si e aos seus filhos o poder sobre seus súditos e governados! A larga maioria das pessoas que viveu na Terra pertenceu a algum senhor, deus, rei, ou chefe de família, sem ter a mínima noção do que hoje consideramos como liberdade.

O fim do Mundo Feudal representou o fim das suas formas de servidão. Muitas pessoas se recusaram a permanecer sob a tutela dos nobres, e foram tentar suas sortes nas cidades. E foi nesse ambiente que se gestou a ideia de liberdade que veio a ser objeto das declarações de direito da Europa, proclamadas em 1685 na Inglaterra, 1776 nos Estados Unidos da América e em 1789, na França. Essas declarações são as precursoras do que se proclamou em 1948.

É preciso contextualizar os limites da liberdade na existência humana. A própria condição humana é o primeiro fator de limitação: nossa escravidão à necessidade de recursos para existir. Água, alimento, abrigo contra frio, contra predadores, contra intempéries, tudo isso tem de ser suprido previamente à própria demanda, sob pena de se pagar com a vida pelo desprevenimento. Não limitado a isso, a condição de vida de pessoas que vivem próximas a pessoas de poder é ainda pior. Isso porquê, como disse John Emerich Edward Dalberg-Acton, "o poder tende a corromper, e o poder absoluto corrompe absolutamente, de modo que os grandes homens são quase sempre homens maus".[65]

---

[64] DI RUFFIA, Paolo Biscaretti. **Introducción Al Derecho Constitucional Combarado**: Las Formas de Estado y Las Formas de Gobierno, Las Constitutiones Modernas. México: Fondo de Cultura Económica, 1975, pp. 285-303. FIORAVANTI, Maurizio. **Constitución:** De La Antiguidad a Nuestros Dias. Trad. Manuel Martinez Neira. Madrid: Trotta, 2001.

Mas há distinções. Uma comparação curiosa, encontrada no Documentário "Civilização Indiana – Continuidades e Mudança"[66], foi feita entre povos do deserto e povos da floresta. No deserto, impera a carência, e as pessoas que vivem nessa circunstância, vivem sob a égide da escassez de recursos para a vida. Elas, sob o império da necessidade, precisam se armar e se preparar para a guerra contra outros, que movidos pela mesma carência de recursos, veem na pilhagem o único meio para sobrevivência. Por outro lado, povos da floresta vivem sob a abundância de recursos para a vida: água, caça, frutas e terra para plantio, se conveniente. Não lhes falta terra ou espaço vital.

Portanto, nessa perspectiva, a postura existencial de povos do deserto é inteiramente distinta da de povos da floresta: os primeiros vivem em medo, em estado de guerra e necessidade; os segundos, encontram no próprio ambiente sua subsistência, com fartura e facilidade de convivência entre os povos.

A sociedade capitalista contemporânea surgiu sob a mentalidade de povos do deserto. Desde seus primórdios, a regra de vida dos povos tem sido a existência sob o jugo de "senhores" de terra, pessoas que se constituíram (ou foram constituídas por herança) em donos dos recursos necessários à vida, especialmente em lugares em que esses recursos são escassos.

Voltemos à questão dos direitos e das liberdades. Há um tecnicismo jurídico que deve ser esclarecido: as Declarações de Direitos não são leis em sentido estrito. Desde 1948, os seres humanos vivem na expectativa da realização dos Direitos declarados pela Organização das Nações Unidas. A

---

[65] PENSADOR. Documento eletrônico, disponível em https://www.pensador.com/frase/MjEyNzY3NQ/. Ver também WALTER, James A. John Emerich Edward Dalberg-Acton. *In* **Britannica.** Documento eletrônico, disponível em https://www.britannica.com/biography/John-Emerich-Edward-Dalberg-Acton-1st-Baron-Acton. Acesso em 07 mar 2023.

[66] VISHUDDI FILMS. **Indian Civilization - Continuities & Change**. Documento eletrônico, disponível em https://www.youtube.com/playlist?list=PLJaEmaHm0OACxs2-fUo0x6FoOwKtKI67Y. Acesso em 08 mar 2023.

Declaração não criou automaticamente prerrogativas civis oponíveis em juízo, nem impôs aos poderes dos países a sua execução imediata. Foram necessárias leis internas de cada Estado que assinou a Declaração dos Direitos Humanos, para que o texto ali proclamado viesse a ser tratado como Direito. De fato, por não consistir em direitos *stricto sensu*, a Resolução 217 A-III da Organização das Nações Unidas deveria se chamar "Declaração Universal das Expectativas Humanas".

O desenvolvimento dos direitos no mundo após a Segunda Grande Guerra Mundial representou o instrumento de inclusão dessas "expectativas" nas Constituições de seus países signatários. É o caso do Brasil: em nossa Constituição, direitos personalíssimos foram consolidados, e hoje são tratados como cláusulas pétreas, ou seja, são inalteráveis. São direitos irrenunciáveis, como o direito de ser obrigado a fazer só o que está posto na lei, ou de não ser escravizado. Do mesmo modo, como os direitos que limitam o poder do Estado sobre os cidadãos.

No Direito Constitucional, essas normas são chamadas de normas programáticas, porque estabelecem um conjunto de metas para os Governos que se sucedem na direção do Estado. As leis que forem aprovadas pelas casas legislativas, seja o Congresso Nacional, a Câmara, o Senado, Assembleias Legislativas estaduais ou Câmaras Municipais, todas devem ser coerentes com as regras impostas na Constituição Federal.

Agora que compreendemos basicamente a importância do Direito em nossa sociedade, e que entendemos a necessidade de garantias jurídicas para proteção de nossa liberdade e autonomia, e para a limitação dos poderes dos governantes, podemos considerar um fenômeno mais recente, que coloca em risco os avanços ocorridos nos últimos séculos.

As liberdades individuais, ainda disponíveis em muitos países no mundo em maiores ou menores graus, são uma conquista histórica da humanidade. Histórica, no sentido de que ainda não se realizou completamente: restam aspectos a serem melhorados, sobretudo na esfera econômica. Não é possível se falar em direitos humanos sem se garantir às pessoas os instrumentos para realizarem esses direitos, tais como acesso à saúde, acesso à educação, disponibilidade de moradia, acesso ao trabalho e aos meios de produção, reprodução e manutenção de vida.

As pessoas se sentem frustradas com a realização limitada desses direitos. Não é que não os apreciem, mas se sentem exasperadas de verem suas vidas passarem em pesada labuta (e por vezes, penúria) enquanto minorias privilegiadas esbanjam recursos no gozo de sua prosperidade. Os pobres suportam o ônus da sociedade, enquanto os ricos tomam para si os bônus.

A midiatização do mundo acirrou essa percepção da desigualdade e da exclusão social, e as pessoas querem enxergar uma causa que não seja sua inação ou sua condição existencial. Precisam encontrar um culpado, seja ele quem for.

Nesse sentido, o que ocorre já ocorreu milhares de vezes na história. "Quem é o responsável pela condição do mundo?" – pergunta-se. Deuses? Demônios? Não importa quem, mas alguém é. Ou alguém, ou algum grupo de pessoas. Muitas vezes, massas se levantaram contra nobres que lhes governavam, contra tribos vizinhas de quem eram tributárias, apenas para depois caírem sob o domínio dos que lhes lideraram, muitas vezes mais opressivos do que seus antecessores. Parece que nada muda, em essência.

O que tento descrever é o fenômeno da sucessão de formas de opressão: a miserabilidade das pessoas escravizadas por grilhões dá lugar à miserabilidade das pessoas assalariadas que se gabam de não serem escravas; a miserabilidade das pessoas assalariadas dá lugar à miserabilidade das que prestam serviços eventuais. Cada dia mais "felizes", não conseguem perceber que sua miserabilidade é a mesma, e que sua condição muda pouco ou nada: continuam sem acesso à educação, à saúde, à moradia e aos meios de produção de vida.

No ínterim, os produtores de ideias no mundo lhes apresentam culpados por sua miséria: "O capitalismo é o culpado! Tomemos as rédeas do Estado e vamos trazer igualdade à sociedade!" – dizem alguns. "O comunismo é o culpado! Tomemos as rédeas do Estado, e vamos trazer liberdade à sociedade!" – dizem outros. Mas a miséria permanece, pois caso venha a ser resolvida, ninguém mais precisará das esmolas que compram votos. Sobre isso, Gustav Le Bon (1841-1931), psicólogo social francês, afirmou que[67]

> As massas nunca tiveram sede de verdade. Desviam-se de evidências que não lhes agradam, preferindo divinizar o erro, se o erro as seduz. Quem lhes pode suprir com ilusões é facilmente seu mestre; quem tenta destruir suas ilusões sempre se torna sua vítima.

Essas relações de poder e submissão no mundo se perpetuam graças à produção e manutenção da ignorância das pessoas quanto aos seus direitos e quanto aos instrumentos para sua efetividade. Rudolf von Ihering, jurista alemão do Século XIX, afirmou: "'Na luta hás de encontrar o teu direito. ' No momento em que o Direito renuncia à luta, ele renuncia a si mesmo."[68] A opressão requer resistência e combate para ser vencida. A conquista de direitos da personalidade e de direitos políticos foi assim. A conquista de direitos econômicos não há de ser diferente.

Contudo, persiste a ignorância na esfera jurídica, tanto pela inércia dos poderes públicos, que deixam o ensino básico de direitos relegados à superficialidade, mas também pela tendência humana à conformidade, à economia de esforços e ao instinto de rebanho. Vamos analisar com calma cada uma dessas tendências, e ver como contribuem para a preservação do *status* das pessoas no mundo.

Para sair do estado de ignorância, a pessoa precisa primeiro se sentir incomodada com sua condição. Dificilmente, uma pessoa que se sente satisfeita, embora vivendo em condições precárias, tomará alguma medida para delas sair. Pensemos

---

[67] LE BON, Gustave. **The Crowd**: A Study of the Popular Mind. Documento eletrônico, disponível em https://www.gutenberg.org/ebooks/445. Acesso em 13 abr 2023.

[68] VON IHERING, Rudolf. **A Luta Pelo Direito**. Trad. Pedro Nassetti. São Paulo: Martin Claret, 2000, p. 94.

em alguém que justifica sua miséria pela vontade de Deus, ou a naturaliza por causa de sua casta, ou por causa de sua etnia: transformar sua vida não lhe será uma prioridade. As pessoas se conformam ao mundo em que vivem. Aceitam suas normas, suas estratificações sociais, suas segregações. Caso se confrontem com antagonismos, irão evitá-los, a todo custo, pois não se sentem dispostas a enfrentar esses regramentos. O esforço para se libertar de condições opressivas é muito mais dispendioso do que o sofrimento suportado.

O pressuposto da cidadania – ou do pertencimento a uma cidade – é o conhecimento das normas dessa cidade. E de fato, não importa o tamanho: pode ser uma família, uma tribo, uma cidade ou um país, o pertencimento tem como pressuposto o conhecimento das regras de convívio. Direito é um conjunto de regras, seja ele pequeno ou grande. Numa sociedade complexa como a nossa, conhecer seus direitos e seus deveres é o primeiro requisito para se poder transitar nela, e tanto mais para ascender nela. Comportamentos corriqueiros, como comprar pão, vender uma roupa que se costurou, tudo é regido por convenções, escritas ou não, de conduta social. Direito faz parte da condição humana, desde sempre.[69] Contudo, a formação de cidadãos críticos não consta da pauta educacional pública de modo a familiarizar as pessoas com noções objetivas do Direito, de modo a lhes permitir entender as constelações de interesses que interferem nas decisões políticas tomadas pelos governantes. O esforço, portanto, de sair da esfera do senso-comum em matéria de direitos e deveres é muito maior!

Mas vamos imaginar que a pessoa se incomode por perceber a sua própria ignorância. Definitivamente, ela se cansou de sua condição no mundo, e quer fazer algo para mudar. Via de regra, ela escolherá os caminhos mais curtos, mais fáceis, e rejeitará os que lhes sejam mais árduos. Mas

---

[69] COULANGES, Fustel de. **A Cidade Antiga**. Trad. Jean Melville. São Paulo: Martin Claret, 2001; MALINOWSKI, Bronislaw. **Crime e Costume na Sociedade Selvagem.** Trad. Maria Clara Corrêa Dias. 2. ed. Brasília: UNB, 2008.

não é fácil superar a ignorância. Na verdade, não conheço nada mais pesado, nada mais árduo para um ser humano, do que assumir sua própria liberdade, responsabilidade e autonomia. Ser livre é ser responsável. Ser autônomo, é ser capaz de se ditar regras sem coação de outra pessoa.

No capítulo anterior, falamos sobre a alegoria da Caverna, de Sócrates. O pensador descreveu como a ascensão da escuridão à luz representa um sofrimento, e não é outro o caminho de quem se educa. Educar-se, desde sempre, representa abandonar a ignorância, abandonar superstições, abandonar sobretudo suas próprias ilusões sobre a vida, sobre as pessoas e sobre o mundo. Quem supomos se sentir mais seguro: um camponês medieval que se imagina cuidado por Deus no centro do universo, ou a pessoa que se sabe só, cercada por decilhões de astros violentos que podem exterminá-la? Quem supomos se sentir mais seguro: um monge religioso que se supõe guiado e protegido pelo Deus de sua fé, ou a pessoa que se vê cercada de centenas de religiões contraditórias mas não consegue se vincular a nenhuma ideologia? A educação liberta, mas cobra um preço que nem toda pessoa está disposta a pagar.

A terceira tendência que dificulta a saída da pessoa da condição de ignorância é, a meu ver, a pior delas: o instinto de rebanho, expressão que tomo emprestado de Nietzsche. A gregariedade, tendência natural de algumas espécies a viverem em sociedade, como elemento de um organismo, é o terrível fator de alienação da pessoa humana. O indivíduo se perde na multidão: perde sua identidade, confunde seus valores, esquece sua racionalidade. Em extremos, comete atos que sequer cogitaria caso estivesse só, como depredações e linchamentos. Contudo, o verdadeiro perigo não são as grandes pedras de tropeço, mas as pequenas.

A pessoa que quer sair do senso-comum encontra a forte resistência da própria sociedade em que vive. Caso exista uma opinião prevalecente na sociedade, ainda que equivocada, qualquer um que a confronte, contradiga ou conteste, será escorraçado pelos outros. Ela entrará em conflito com sua própria consciência. Afinal, consciência é apenas a voz do rebanho em nossos ouvidos.[70] Imagine-se vivendo no Século XVI, época em que se iniciava a controvérsia sobre o heliocentrismo: o que faria? Caso tivesse acesso à leitura – condição rara num tempo de analfabetismo prevalecente – assumiria sua ignorância e pesquisaria o assunto? Ou simplesmente declararia a impiedade de quem acreditava nos argumentos contrários à noção prevalecente? Não foi sem motivo que Sócrates foi condenado à morte por impiedade, que Galileu Galilei foi censurado, ou que Giordano Bruno foi queimado na fogueira.

Contradizer o pensamento hegemônico, declarar-se um pensador independente, crítico e autônomo, é um passo fundamental para superar as próprias limitações, assim como para superar a ignorância do senso-comum. Reconhecer sua própria ignorância e limitação requer humildade. Escalar as montanhas do pensamento crítico exige determinação, um real desejo de liberdade. Romper os grilhões do senso-comum demanda coragem e habilidade, visto que é uma declaração de guerra contra a ignorância prevalecente na sociedade.[71] Mais do que tudo isso, é a ruptura com a dogmaticidade, com a visão ingênua do mundo, que imagina castelos onde só existem nuvens.

O mais relevante aspecto deste trabalho é explorar o fenômeno da persistência da ignorância no universo do direito. Isso porque, como consideramos, vivemos no tempo em que os direitos estão mais avançados do que em qualquer época anterior e, exatamente na época em que – potencialmente – poderíamos esperar mais efetividade em matéria de direitos humanos, encontramos exatamente o contrário: pessoas reclamando contra liberdades civis, pedindo o retorno a formas opressivas de regulamentação de conduta; pessoas aplaudindo formas violentas de punição criminal, de policiamento moral; pessoas reclamando o direito de exercer, na política, ideologias

---

[70] SAFRANSKI, Rudiger. **Nietzsche**: A Philosophical Biography. Trad. Shelley Frisch. Londres: Granta Books, 2002, pp. 208-219.
[71] BORNHEIM, Gerd. **Introdução ao Filosofar:** O Pensamento Filosófico em Bases Existenciais. 9. ed. São Paulo: Globo, 1998.

intolerantes, racistas, xenófobas, tudo em nome de uma liberdade que foi banida das cartas de direitos modernas. Assim, vamos considerar, passo a passo, alguns campos do Direito em que se reclamam retrocessos, apesar dos avanços e progressos ocorridos em tempos recentes.

Democracia e Autocracia

Winston Churchill (1874-1965), Primeiro-Ministro do Reino Unido durante a Segunda Grande Guerra Mundial, declarou:[72]

> Já se tentaram muitas formas de Governo, e muitas outras o serão neste mundo de pecado e sofrimento. Ninguém finge que a democracia seja perfeita ou onisciente. Deveras, foi dito que a democracia é a pior forma de Governo, com exceção de todas as outras que foram experimentadas de tempos em tempos.

Churchill reconhecia que a democracia tem falhas, mas as outras formas de Governo já tentadas têm falhas ainda piores. A expressão utilizada por Churchill não é de todo correta: democracia não é forma de governo, mas regime político.

---

[72] Tradução livre de: "*Many forms of Government have been tried, and will be tried in this world of sin and woe. No one pretends that democracy is perfect or all-wise. Indeed it has been said that democracy is the worst form of Government except for all those other forms that have been tried from time to time.* " CHURCHILL, Winston. *In* **International Churchill Society.** Documento eletrônico, disponível em https://winstonchurchill.org/resources/quotes/the-worst-form-of-government/. Acesso em 17 mar 2023.

Forma de governo é o modo de realização da finalidade do Estado e de exercício do poder. É também determinante da situação jurídica das pessoas em relação à autoridade. A finalidade do Estado, entendido como entidade de poder concentrado, exercido num determinado território sobre um determinado povo, é sua própria preservação, e inclui – ou deve incluir – o bem-estar desse povo e a prosperidade material desse território.

As formas de governo são monarquias ou repúblicas. Historicamente, encontram-se muito mais monarquias do que repúblicas. Em monarquias, via de regra, há um governante hereditário, que exerce seu poder sobre todos e é servido por todos. Normalmente, inclui uma classe mais próxima a si, que administra as riquezas, aplica as leis e organiza a violência institucionalizada desse Estado, e uma classe de serviçais, que constitui propriedade do monarca, destinado a produzir alimento e a servir de mão-de-obra para construções e desenvolvimento civil. A liberdade das pessoas é definida pela vontade e conveniência do monarca. A princípio, não há participação popular nas decisões políticas do Estado, mas somente expressão da vontade do monarca.

Por outro lado, em repúblicas o poder é exercido pela coletividade. É muito comum em sociedades pequenas, em que existem conselhos compostos de pessoas comuns, com pouca ou nenhuma hierarquia. Em sociedades maiores, cidades ou impérios, o poder republicano é exercido de modo representativo, com pessoas eleitas para atuarem como legisladores perante órgãos legislativos, como Câmaras de Deputados ou Senados, ou para comporem órgãos executores dessas leis produzidas. Além das funções legislativa e executiva, nos governos republicanos há a função judiciária, competente – ou com poder – para julgar conflitos pessoais ou coletivos, ou conflitos entre as pessoas e o Estado. Essas três funções existem com autonomia, e essa autonomia lhes cria um equilíbrio de poder que é chamado de "pesos e contrapesos". Numa república, todos – em tese – são livres para viver e contribuir como melhor puderem para o bem-estar social, sendo obrigados a fazer somente o que tenha sido decidido coletivamente, conforme estabelecido em leis. É, via de regra, um Estado de Direito, em que leis regem a sociedade, e não a vontade ou os decretos de um monarca.

Mas, voltando à proposição de Churchill, queremos falar de democracia e autocracia, que são regimes políticos. Regime trata de como o poder se realiza no Estado, ou seja, como ele se manifesta. Numa autocracia, o poder é exercido, ou se torna real da vida das pessoas, pelo exercício da vontade única e incontestável do governante. É o que ocorre em monarquias absolutas e governos totalitários. Não há – nem pode haver – voz dissonante da palavra do governante. Via de regra, críticas não são somente malvistas, mas reprimidas com toda a violência do aparato estatal, que pode incluir, além das penas de morte ou prisão, toda espécie de privação civil possível, como perda de cidadania e perda de bens.

Numa democracia ideal, o poder se manifesta pela vontade do povo, entendido como conjunto de cidadãos com legitimidade para participação no processo político.[73] Essa vontade pode se expressar de modo direto ou representativo. Visto que a maioria das pessoas não tem tempo para participar diretamente na elaboração das leis de sua cidade, seu Estado ou país, o que mais se verifica é a eleição de representantes para atuar nessas funções. A grande maioria dos países que adotam a democracia são instituídos como regimes representativos.

A vivência democrática exige maturidade política, capacidade para se entenderem leis e projetos de lei, entender o processo legislativo e eleitoral. Requer, portanto, que os cidadãos tenham educação, consciência histórica e crítica, sejam bem-informados por uma imprensa razoavelmente independente, e tenham ampla possibilidade de pensamento, fala e atuação. Esses cidadãos devem ser livres para se

---

[73] MÜLLER, Friedrich. **Quem é o Povo? A Questão Fundamental da Democracia**. Trad. Peter Naumann. São Paulo: Max Limonad, 2003. DAHL, Robert. **Sobre a Democracia.** Trad. Beatriz Sidou. Brasília: UNB, 2001. KINZO, Maria D'Alva. **Representação Política e Sistema Eleitoral no Brasil.** São Paulo: Símbolo, 1980. O'DONNELL, Guillermo. Democracia Delegativa? *In* **Novos Estudos CEBRAP**, nº. 31, outubro de 1991.

organizarem em partidos políticos, com autonomia e independência. Esse tipo de democracia é raro, e se restringe a poucos lugares no mundo.

É preciso ter em mente que tratamos aqui de um modelo ideal, ou seja, uma ideia. A realidade é permeada por muitas variáveis históricas ou estruturais, que tornam a situação de cada Estado única, muitas vezes compreensível somente com uma análise mais detida. Essa realidade, com muito mais frequência do que desejável, demonstra que o ideal democrático ainda está distante de ser alcançado, por uma longa série de motivos, razões essas que têm raízes nos governos e nos cidadãos.[74]

Para qualquer governo, ou melhor, para qualquer grupo de pessoas com poderes para governar, é muito mais fácil fazê-lo de modo autocrático. Afinal, não se precisa justificar nada a nenhum outro grupo de pessoas na sociedade, nem reunir apoio aos projetos que se encetam. Basta mandar, e pronto. Numa democracia, não é assim que as coisas são feitas: primeiramente, os atos de governo devem estar baseados em leis que são feitas a muitas mãos, com possibilidade de participação de todos os interessados. Isso é muito mais difícil.

Em se tratando do Brasil, nossa democracia está consolidada na Constituição da República, promulgada em 1988, em que foram criadas instituições e regras para garantir a liberdade democrática no governo, nas eleições, e nos processos judiciais. Existe toda uma estrutura para garantia da liberdade das eleições, para evitar o voto dirigido, em que os patrões obrigam seus empregados a votar em candidatos indicados e dar prova disso, para evitar a compra de votos e toda espécie de prática que tenda a violar a independência e o sigilo do voto, bem como o equilíbrio entre as oportunidades dos candidatos.

---

[74] FREITAS, Mona Lisa de Moraes de e MALUF, Emir Couto Manjud. Povo e Democracia: Exercícios de Soberania. *In* **Revista de Julgados do Tribunal Regional Eleitoral de Mato Grosso**. Cuiabá: Tribunal Regional Eleitoral de Mato Grosso, 2012. Vol. 6, 2010-2011.

Acredito que a maior virtude da democracia seja a sua capacidade de colocar numa mesma mesa ricos e pobres, comunistas, socialistas e liberais, igualitários e libertários, para que dialoguem e decidam os rumos da sociedade. Certo é que essa mesa não existe para que um grupo convença o outro da superioridade de seus valores, mas para que se produzam regras, estratégias e medidas que viabilizem o convívio pacífico entre esses muitos grupos da sociedade. Certo também que isso exige uma objetiva disposição ao diálogo, a se fazerem concessões, em reconhecimento à superioridade das soluções negociadas em comparação com soluções impostas.

A alternativa a essa mesa de negociação é muito simples: antagonismo geral, inviabilidade do governo do Estado e, por fim, guerra civil.

O Século XX foi prolixo em demonstrar a estupidez humana na política, sobretudo quando da ascensão de regimes extremistas ao poder: nazismo alemão, fascismo italiano e espanhol, ultradireita norte-americana, ditaduras militares sul-americanas, teocracias islâmicas, ditaduras comunistas em muitos lugares do mundo. Em todos esses regimes, houve perseguição e intolerância políticas contra vozes que dissonavam da ideologia que estava no poder. Com muita frequência, houve ostracismo, tortura e assassinatos de dissidentes.

Todos esses regimes apontaram inimigos do Estado, que se tornaram foco do ódio e repulsa cultivado pelo aparato de manutenção da ideologia, a propaganda usada pelo Estado para formar, informar e conformar seus cidadãos. Esses inimigos, reais ou imaginários, podiam ser qualquer um: o judeu, o comunista, o capitalista, o religioso, o negro, o oriental, o estrangeiro. Na verdade, o conteúdo do inimigo importa menos do que sua existência prática como entidade politicamente relevante.

No romance "1984", George Orwell[75] descreve as experiências de um cidadão da Oceania, um superestado

---

[75] ORWELL, George. **1984**. Trad. Alexandre Barbosa de Souza. São Paulo: Via Leitura, 2021.

distópico, governada por uma entidade com poder absoluto chamada de "Grande Irmão". A integridade dessa sociedade é constantemente ameaçada pelo estado de guerra em que vive. A par dos frequentes atentados a bomba, da escassez de alimentos e da penúria causada pela guerra, essa sociedade de "irmãos" e "irmãs" se vê constantemente ameaçada pelo arqui-inimigo dessa sociedade, Emmanuel Goldstein, que insidiosamente se infiltra nas mentes dos "irmãos" e "irmãs" através da leitura, para corrompê-los ideologicamente e engajá-los em suas artimanhas e atentados. Muito mais do que mero romance, essa obra descreve os aparatos de controle utilizados pelos Estados totalitários, que vão de meros programas de TV à mais refinada tortura.

Outro elemento comum aos governos extremistas é a univocidade do pensamento. No Estado totalitário, necessariamente existe um aparato de propaganda que elege determinado modo de viver, pensar, agir, determinado conjunto de valores, como o único válido, aceito e adotado pelo povo leal a esse Estado. Aparentemente, não existe discordância desse modelo. Se é um Estado comunista, todas as pessoas do povo concordam com os ideais comunistas; sé é um Estado de extrema-direita conservadora cristã, todas as pessoas do povo são cristãs, republicanas e nacionalistas; se é um Estado nazista, todas as pessoas do povo são arianas, brancas e antissemitas; se é um Estado hindu, todas as pessoas do povo são da religião hindu. Tudo o que for diferente, toda a dissidência, todas as pessoas de outras religiões ou etnias, não pertencem ao povo desse Estado, e constituem as fileiras do "inimigo" a ser combatido.

A ideia de "povo" é o elemento principal. Cria-se um ente fictício, desenhado conforme a ideologia dominante, e se expõe esse ente como se fosse a verdadeira encarnação do povo desse Estado. Em nome desse "povo", o governo passa a agir com autoridade absoluta e incontestável, cooptando todas as instituições do Estado para sua ideologia e sua esfera de influência.

Esse processo ocorre em países que progressivamente abandonam a democracia e se degeneram em plutocracias (governo dos ricos), oligarquias (governo de poucos) ou aristocracias (governo de "nobres" ou dos "melhores"). Nominalmente esses governos se declaram democráticos, mas efetivamente só participa no exercício do poder quem pertence ao grupo ideológico dominante. Pessoas que não se conformam ao padrão de "povo", definido pela ideologia no poder, não têm direitos, pois não são "povo". Afinal, democracia é um regime do povo, e só é "povo" quem for digno dessa palavra.

Friedrich Müller[76], jurista alemão, fala sobre a distorção artificial da palavra "povo", que se torna mero instrumento de legitimação de quem exerce o poder. No caso que consideramos, cria-se uma identidade que encerra todos os valores da ideologia hegemônica, mas que também exclui os valores de todas as outras ideologias presentes naquela sociedade. Todo cidadão norte-americano que não for republicano e ultraliberal não encerra em si os valores do povo norte-americano; todo brasileiro que não for "cristão" (evangélico ou católico), não é plenamente brasileiro; todo indiano que não for da religião hindu não pertence ao povo indiano; todo paquistanês que não for muçulmano não pertence ao povo do Paquistão. A lista é infindável.

"Democracias" desse tipo são, na verdade, tiranias.

A democracia é o único regime político que traz em si alternativas não violentas para compatibilização de ideologias, exatamente porque exige que todos reconheçam o direito de pensamento independente, que todos reconheçam os interesses dos outros grupos sociais, minoritários ou não, na sociedade. Isso porque se reconhece a necessidade de se dar voz e poder a todos, uma vez que todos os atores constituem "povo".

O que presenciamos já na terceira década do Século XXI é exatamente o contrário desse ideal. Em todos os cantos do mundo surgem movimentos ideológicos míopes, de curta visão, que só enxergam suas próprias ideias. Quaisquer outras constituem formas de pensamento inimigas, antagonistas, a

---

[76] Müller, 2003.

serem combatidas e eliminadas. Democratas querem eliminar os republicanos fascistas, que por sua vez consideram qualquer democrata ou socialista um comunista a ser excluído a vida política.

Esses movimentos extremistas têm natureza populista e demagógica, ou seja, querem arregimentar a população ideologicamente vulnerável para apoio de sua ideologia e de seus atos políticos. Ao populismo demagógico não importa ter um povo consciente e politicamente ativo, em sentido democrático. Pelo contrário, o melhor é que a população seja profundamente fanatizada pelos valores da ideologia, e que atue simplesmente para referendar os atos do líder. Os valores desses movimentos extremistas, via de regra, são conservadores: família patriarcal, moralidade, religião e nacionalismo, e se encarnam num líder carismático eleito, que chamarei de ícone, que encerra ou representa todas as virtudes imaginadas pela ideologia. A aparência com uma religião não é mera coincidência, mas é absolutamente intencional. O ideologia do populismo demagógico é uma espécie de teologia política.[77]

Assim, presenciamos, nas Américas, na Europa, na África e na Ásia a ascensão de partidos políticos de extrema-direita, aparatados com uma horda de cidadãos dispostos a participar em atos violentos em apoio aos seus ícones. Por sua vez, esses ícones, políticos radicais que se destacam por sua explosividade oratória e carisma, são a encarnação do ideal de "povo" cultivado por essas ideologias: pragmáticos, ostentadores de uma religiosidade fanática, predispostos a proferir declarações bombásticas e xingamentos a opositores. Tornam-se, dessa maneira, modelos aos seguidores desses movimentos, que perdem a capacidade de analisarem criticamente as condutas dessas pessoas, justificando todos os seus atos, sempre em nome da (suposta) grandeza do ícone político.

---

[77] Veja-se SCHIMITT, Carl. **Teologia Política.** Trad. Elisete Antoniuk. Belo Horizonte: Del Rey, 2006.

Esses ícones populistas usam basicamente a mesma estratégia. Primeiro, cooptam as instituições do Estado, colocando-a sob seu serviço. Não importa qual, se Legislativo ou Judiciário, basta uma. Com isso, esses líderes executivos violam uma das bases da Democracia: a separação, a independência e o equilíbrio dos Poderes autônomos da República. O controle sobre juízes das cortes supremas, encarregadas do controle de constitucionalidade das leis, é o mais almejado. Assim, esses tiranetes garantem que seus decretos não serão contestados e conseguem governar como querem. Depois de colocarem as instituições do Estado ao seu serviço, o controle se torna fácil. Foi o que ocorreu na Venezuela.

Geograficamente, o fenômeno ocorre principalmente no mundo ocidental, mas não se restringe a ele.[78] Vemos essa tendência antidemocrática[79] ocorrer, na Rússia, na Índia, no Paquistão, na Hungria, na Polônia, na Turquia, no Reino Unido, na Itália, nos Estados Unidos da América sob Donald Trump e, mais de perto, no Brasil, com Jair Messias Bolsonaro, seu maior admirador. Esse capitão e deputado medíocre, discípulo de um pseudo-filósofo e astrólogo[80], se tornou o ícone do

---

[78] Aproximadamente 80% da população mundial já vive sob regimes não-livres ou parcialmente livres. Existem países que eram de matriz democrática que atualmente, em 2023, manifestam preocupantes tendências à autocracia. Entre eles, Brasil, Reino Unido e Israel. (FREEDOM HOUSE. **Freedom in The World 2023.** Documento eletrônico, disponível em https://freedomhouse.org/sites/default/files/2023-03/FIW_2023_50Years_DigitalPDF.pdf. Acesso em 30 mar 2023.

[79] Não importa se tem matriz de direita ou de esquerda, ondas antidemocráticas usam as mesmas estratégias. Foi o que ocorreu na Venezuela, na Bolívia e no Equador, em maior ou menor grau. As semelhanças das estratégias de Hugo Chávez com as de Jair Bolsonaro, ambos políticos saídos de carreiras militares, são muitas: exploração de redes sociais; construção da imagem de *outsider* na política; fomento de conflitos com as Supremas Cortes e com a imprensa; armamento da população civil e militarização do Estado; expurgo de servidores públicos dissidentes. Veja-se SANCHES, Mariana. 'Bolsonaro adota medidas do manual de Chávez': entenda semelhanças e diferenças entre Brasil e Venezuela. *In* **BBC News Brasil**. Documento eletrônico, disponível em https://www.bbc.com/portuguese/brasil-58124049. Acesso em 29 jun 2023.

movimento brasileiro de ultradireita. Sua ascensão se deu no escalar de uma série de falas bombásticas, cujo conteúdo merece uma atenção maior.

As falas de Bolsonaro tomaram destaque e volume durante a crise política que se instalou no Brasil no segundo mandato de Dilma Roussef, a partir de 2014. Via de regra, eram expressões que agradavam a população cansada da corrupção dos políticos de carreira, com louvores a torturadores e à violência do Regime Militar de 1964-1985. Bolsonaro fazia-se destaque na imprensa por seus comentários machistas, expressões de violência e deboche contra mulheres, indígenas e negros, bem como pessoas da comunidade não heteronormativa. Atacava jornalistas que não compartilhavam de sua ideologia e que não se calavam diante de seus discursos de ódio. Estimulava o uso de armas como instrumento de autodefesa, tendo em vista a incapacidade do Estado em impedir a ocorrência de crimes na sociedade. Como um comediante de mau-gosto, fazia questão de colocar um toque de humor vexatório em suas falas, de modo a agradar aqueles que o seguiam com ardor.

Por fim, em 2018, na eleição mais pulverizada desde 1989, Bolsonaro foi eleito Presidente, com votos de apoiadores ardorosos e de eleitores relutantes que simplesmente não queriam o retorno da corrupção partidária no país, simbolicamente extirpada com o *impeachment* de Dilma Roussef e com a rejeição maciça do Partido dos Trabalhadores, que havia estado no poder por mais de uma década e for tornado símbolo da corrupção sistêmica do país.

A estratégia da campanha eleitoral de Bolsonaro foi a mesma utilizada por Trump nos Estados Unidos. Ambos usaram e abusaram de *posts* acelerados em redes sociais. Aproveitaram-se de vulnerabilidades na regulação dessas redes para divulgar de boatos de todo tipo, teorias de conspiração sobre a vulnerabilidade das urnas eletrônicas de votação, sobre a confiabilidade do processo eleitoral, sobre planos para homossexualizar a sociedade ou perseguir

---

[80] Olavo de Carvalho.

religiões cristãs. Qualquer teoria da conspiração podia ser invocada para incutir dúvidas na mente do eleitor, e encontrava espaço para divulgação.

No Brasil, em 2018, os Tribunais Eleitorais do país confrontaram-se com um novo desafio: o de informar a população sobre a segurança do processo eleitoral informatizado, o uso de criptografia, de chaves eletrônicas, de validação de etapas por órgãos de controle judicial e ministerial, por órgãos representativos de classe, e por partidos políticos, e de controle técnico feito por agentes técnicos desses órgãos. O desafio maior foi exatamente a complexidade do processo e a dificuldade de compreensão da técnica utilizada para garantir a segurança o sigilo e a correta computação dos votos.[81]

O aparato de propaganda de Bolsonaro, nos mesmos da estratégia que elegeu Donald Trump para a presidência dos EUA, trouxe a religião para a arena política, como elemento fundamental da sua ideologia e da sua campanha política. Ambos se apresentaram como cristãos, e contrapuseram o nacionalismo e a moralidade cristã à prática da corrupção na política, dando a entender que não a tolerariam em seu governo. Adotaram o discurso moralista cristão para condenar políticas de inclusão e assistência social anteriormente adotadas, e para condenar o conceito de família que inclui casais do mesmo sexo. Condenou ativamente os programas educacionais que tentavam naturalizar as relações homoafetivas e a diversidade de gênero. Isso fez com que pessoas de mentalidade conservadora o apoiassem maciçamente.

Bolsonaro – do mesmo modo como Trump – utilizou-se de todo tipo de teoria conspiratória anticientífica para criar polêmicas: negou a tendência de aquecimento global[82]; negou

---

[81] TRIBUNAL SUPERIOR ELEITORAL - TSE. **Processo eleitoral no Brasil.** Documento eletrônico, disponível em https://www.tse.jus.br/eleicoes/historia/processo-eleitoral-brasileiro/funcionamento-do-processo-eleitoral-no-brasil. Acesso em 01 ago 2023.

[82] CARRANÇA, Thaís. Mudanças climáticas: governo Bolsonaro quer

a gravidade da COVID-19, chamando-a de "gripezinha", bem como a eficácia de vacinas e das medidas preventivas; negou o racismo brasileiro, herdado da escravização colonial, para mencionar apenas os que protagonizou.

O mais grave, porém, no contexto que tratamos, foram os enfrentamentos institucionais que Trump e Bolsonaro promoveram.

Os arroubos autoritários do Presidente Capitão se evidenciaram logo no início de seu governo, quando impediu investigações contra seus filhos, relativas a questões tributárias e criminais. Entrou em conflito direto com o Poder Judiciário, tutor do processo eleitoral, ao divulgar boatos sobre a vulnerabilidade das urnas eletrônicas e acusar o Tribunal Superior Eleitoral de fraude, sem provas. À medida que esses boatos escalavam em redes sociais, tornava-se maior também o clamor de seus apoiadores contra o Poder Judiciário, a favor de uma intervenção militar no Estado brasileiro, para dar maiores poderes ao "Capitão". Esses clamores, divulgados fartamente em redes sociais, vieram a ser objeto de investigação criminal, ainda em curso enquanto escrevo, para se apurarem responsabilidades, especialmente porque tais clamores almejavam o fim da democracia, protegida pela Constituição da República.

Do mesmo modo nos Estados Unidos e no Brasil, após a derrota nas respectivas eleições, a insatisfação dos seguidores de extrema-direita descambou em violência. Multidões de fanáticos de extrema-direita invadiram o Capitólio, em Washington, em janeiro de 2022. Um ano depois, desta vez no Brasil, milhares invadiram os prédios do Executivo, Legislativo e Judiciário num espetáculo inesquecível de barbárie, fanatismo e estupidez. Dessa vez, depredaram especialmente o prédio do Supremo Tribunal Federal, alvo primário de seu ódio. Os invasores tinham – e, por certo, ainda têm – a

---

convencer o mundo que problema do Brasil é 'de imagem'. *In* **BBC News Brasil**. Documento eletrônico, disponível em https://www.bbc.com/portuguese/brasil-58550080. Acesso em 27 mar 2023.

absoluta convicção de que um regime autoritário seria o melhor para os seus países.

Mas essas invasões não foram espontâneas. Antes, foram construídas, aos poucos, a partir das redes sociais e dos boatos contra a legitimidade, correção, segurança e lisura dos processos eleitorais dos dois países. Nos EUA, Trump afirmou que sua derrota se deu a partir de fraudes verificadas em diversos Estados da federação.[83] Com a mesma inspiração, Bolsonaro e seu aparato de suporte ideológico tentaram utilizar o mesmo argumento de que houve fraude no processo eleitoral brasileiro. O mesmo tipo de propaganda em redes sociais, de divulgação e fomento de ideias nos círculos fechados de pessoas que se retroalimentam, acriticamente, do conteúdo direcionado a fortalecer as convicções das hordas de seguidores.

No Brasil, contudo, os próprios militares, com quem Bolsonaro contava para apoiar seus planos, elaboraram um relatório que "não apontou a existência de nenhuma fraude ou inconsistência nas urnas eletrônicas e no processo eleitoral" de 2022.[84] Não obstante, para muitas pessoas permanece a convicção de que as eleições foram forjadas para impedir o segundo mandato de Jair Bolsonaro.

Enquanto no Brasil essas pessoas que impulsionam esses movimentos de extrema-direita estão atualmente sendo responsabilizadas com base no Código Penal, pelo cometimento de crimes contra o Estado Democrático de

---

[83] Atualmente existe todo um aparato ideológico de convencimento de multidões, de que as eleições foram roubadas. Milhões de pessoas estão convencidas de que ocorreu fraude, apesar de toda evidência em contrário. FRONTLINE PBS. **Plot to Overturn the Election**. Documentário eletrônico, disponível em https://www.youtube.com/watch?v=90O-q7dgS-I&t=1133s. Acesso em 29 mar 2023. A passagem do tempo demonstra que as afirmações de Trump são falsas.

[84] TRIBUNAL SUPERIOR ELEITORAL - TSE. **Relatório das Forças Armadas confirma segurança das urnas eletrônicas**. Documento eletrônico, disponível em https://www.tse.jus.br/comunicacao/radio/2022/Novembro/relatorio-das-forcas-armadas-confirma-seguranca-das-urnas-eletronicas. Acesso em 29 mar 2023.

Direito, nos Estados Unidos, Trump continua a arregimentar apoiadores através de alegações comprovadamente falsas de que as eleições foram fraudadas[85] e, dessa maneira, consolidar seu eleitorado para as eleições de 2024.

Como visto, nos dois países, EUA e Brasil, se encontra em gestação a reação da extrema-direita, que exige o retorno de regimes políticos de matriz autoritária e conservadora. Seu compromisso é com a afirmação nacionalista, frequentemente xenófoba, racista e exclusivista, e com o desenvolvimentismo econômico ambientalmente irresponsável. Sua pauta ideológica é de matriz cristã fundamentalista, e almeja transformar a legislação num espelho da moralidade patriarcal consolidada nas Escrituras Judaico-Cristãs.

Há um aspecto comum aos dois ex-presidentes que toma relevo, tendo em vista sua importância para o próprio discurso comum de nacionalismo, conservadorismo e religiosidade de ambos, que termina por se converter em um elemento universal a todos os movimentos de extrema-direita no mundo: o "inimigo". Nos EUA, Trump destila seu maior repúdio e desprezo aos Democratas[86], membros ou apoiadores do Partido Democrata, e atribui a eles todas as mazelas da economia e da sociedade norte-americana. No Brasil, o movimento bolsonarista tem por alvo os "comunistas", referindo-se a qualquer partido de esquerda, vinculado – ou não – ao Partido dos Trabalhadores, ou qualquer um que se arrisque a contradizer os corolários da extrema-direita. Nesse escopo, quaisquer agências de imprensa que os critique também se tornam alvos de seu ódio e boicote. Aos Democratas e "comunistas" é atribuída toda a responsabilidade pela degeneração moral da sociedade, pelo aumento da corrupção na política e por qualquer mazela social ou econômica que se manifeste.

---

[85] REUTERS. **Fact Check-Re-examining how and why voter fraud is exceedingly rare in the U. S. ahead of the 2022 midterms**. Documento eletrônico, disponível em https://www.reuters.com/article/factcheck-fraud-elections-idUSL1N2XP2AI. Acesso em 31 mar 2023.

[86] Curiosamente, Trump os chama de "comunistas".

O que ocorre nas Américas também ocorre em outros lugares. Há uma demonização dos partidos de esquerda, como se fossem causa das mazelas sociais dos países, por gastos excessivos com assistência social. O estrangeiro também é visto como inimigo. O ambientalista que clama por formas de desenvolvimento sustentáveis é considerado inimigo do crescimento econômico. A pessoa que se opõe à disseminação de armamento entre a população civil também é malvista, quase como se fosse apoiadora de criminosos e favorável à sua impunidade. Parece pervadir uma oposição consciente a defensores de direitos de minorias desprivilegiadas, como se o respeito a direitos humanos e valores democráticos fosse um luxo, uma concessão voluntária do Estado.

Governar sem respeito a direitos humanos torna tudo mais fácil. Assim, todo direito é uma concessão do Estado, e qualquer supressão de direitos é uma necessidade justificada.

Como veremos mais adiante, no Ocidente, considerando Europa e Américas, bem como países constitucionalistas de regime democrático da Ásia e Pacífico-Sul, essa virada à autocracia se iniciou a partir de 2001, momento que, a meu ver, marcou o início do declínio da democracia, pelo progressivo abandono do respeito aos direitos humanos e aos valores democráticos. Desde aquele tempo, os Estados têm admitido cada vez mais a adoção de práticas que não condizem com os direitos já estabelecidos em seus próprios ordenamentos jurídicos. A onda autocrática se tornou uma tendência mundial.

O que leva essas pessoas a pensarem que um regime autoritário pode ser melhor do que um regime democrático? Numa palavra, a resposta: ignorância. Mas não se trata de uma estupidez atávica, natural, decorrente de uma incapacidade genética de compreensão. A ignorância nesses casos é exatamente desconhecimento voluntário e convenientemente cultivado.

Note-se que a farta maioria dos apoiadores desses movimentos de extrema-direita, no mundo Ocidental, são declaradamente cristãos de matriz fundamentalista. O que essas pessoas querem é um regime político que implemente um Estado teocrático cristão, apto a impor em seus países regras de conduta cristã, mesmo a quem não for cristão. Assim, voluntária e convenientemente, essas pessoas deixam de se informar sobre a diversidade das outras religiões, dos valores das outras pessoas, e elegem os seus próprios como valores absolutos. Deixam também de se informar sobre procedimentos técnicos e regras de segurança nas eleições, de modo que preservam e reafirmam suas convicções de que houve fraude nos processos eleitorais que resultaram na derrota de seus ícones políticos. Não se importam em confirmar a veracidade ou falsidade das notícias que recebem em seus grupos sociais fechados, para que suas crenças não sejam abaladas. Têm absoluta convicção de que não existe risco ambiental no atual modo de ocupação e exploração da Terra; de que não existe diversidade de gênero; de que racismo estrutural é coisa inventada; de que o armamento da população é a melhor solução ao problema da criminalidade. Para pessoas com tais crenças, é muito conveniente ter como governante uma pessoa que as adote e que as implemente como programa de Estado.

Democracia é um regime extremamente frágil. Sua realização depende de muitos fatores. E uma de suas maiores vulnerabilidades nasce exatamente da liberdade ideológica que ela confere a todas as pessoas que vivem sobre sua proteção. A liberdade de pensamento, de associação e de expressão num regime democrático precisa ser exercida com responsabilidade, ou seja, precisa ser exercida num equilíbrio entre ações e consequências. Afinal, somos livres enquanto que nossa liberdade não interfira na liberdade das pessoas que nos são próximas. É uma lição quase infantil, de que pessoas extremistas convenientemente se esquecem, ou fazem questão de esquecer.

Por maiores sejam as dificuldades de se fazer funcionar um regime político, os resultados são imensamente melhores em um regime democrático, posto que as pessoas podem viver suas próprias vidas e exercer sua própria liberdade. As condições para a felicidade humana, e para o próprio controle social, são mais facilmente alcançáveis quando as regras para o funcionamento da sociedade são universais, e não expressão dos caprichos de um grupo majoritário. E no atual estado de evolução dos Direitos, renunciá-los, em nome de uma moralidade particular, ou de convicções pessoais, representa uma escolha que, invariavelmente, resultará na perda de liberdades.

Passaremos agora a analisar alguns campos específicos da realidade humana em que a ignorância opera melhor do que o saber técnico-científico, bem como as nefastas consequências para a sociedade como um todo.

O Estado Laico e A Degeneração Fundamentalista

Um dos maiores avanços da história de nossa civilização é a laicidade do Estado. Nascida na França do século XVIII, um país ensanguentado por guerras religiosas entre católicos e protestantes[87], a ideia de um Estado sem compromissos com ideologias liberta o governo da perniciosa influência de líderes religiosos, deixando que a política e os rumos do governo sejam discutidos e decididos pelas vias institucionais, e não pelo capricho de cardeais, pastores, imãs ou sacerdotes.

Embora a realização desse ideal seja extremamente difícil, a instituição do Estado laico representa o estabelecimento de uma esfera neutra para o diálogo entre as pessoas, uma arena em que pessoas com ideologias diferentes podem conversar e elaborar políticas públicas para o atendimento de necessidades sociais, reconhecendo a existência de esferas de autonomia em que as pessoas podem viver sem a ingerência do Estado.

Um exemplo excelente de modelo de constituição de Estado laico pode ser encontrado na dos Estados Unidos da América, cuja Constituição se encontra vigente desde 1789. Logo em

---

[87] BRITANNICA. **Wars of Religion:** French history. Documento eletrônico, disponível em https://www.britannica.com/event/Wars-of-Religion. Acesso em 04 abr 2023.

1791, a Primeira Emenda a essa Constituição, objetivando a garantia dos direitos dos cidadãos, afirmou categoricamente que o Estado, através do Congresso[88],

> não fará nenhuma lei com respeito ao estabelecimento de religião ou proibindo o seu livre exercício; ou cerceando a liberdade de expressão ou imprensa; ou o direito popular de se reunir pacificamente, e de peticionar ao Governo a reparação de agravos.

A garantia dessa esfera privada de autonomia possibilita que a esfera pública seja poupada das discussões, impasses, discórdias e disputas que existem na esfera da ideologia, sobretudo da ideologia religiosa.

A perseguição ideológica, seja por conceitos religiosos ou políticos, é uma das formas mais cruéis de tirania. Não por outro motivo, a Organização das Nações Unidas, no Artigo I da "Declaração sobre a Eliminação de Todas as Formas de Intolerância e Discriminação Baseada em Religião ou Crença" estabeleceu que[89]

> Todos devem ter o direito à liberdade de pensamento, consciência e religião. Este direito incluirá a liberdade de ter uma religião ou qualquer outra crença de sua escolha, e a liberdade, individualmente ou em comunidade com outros e em público ou privado, de manifestar sua religião ou crença no culto, observância, prática e ensino.

---

[88] UNITED STATES SENATE. **Constitution of the United States**. Documento eletrônico, disponível em https://www.senate.gov/civics/constitution_item/constitution.htm. Acesso em 13 abr 2023. Trad. livre.

[89] ORGANIZAÇÃO DAS NAÇÕES UNIDAS ONU. **General Assembly Resolution 36/55**. Documento eletrônico, disponível em https://www.ohchr.org/en/instruments-mechanisms/instruments/declaration-elimination-all-forms-intolerance-and-discrimination. Acesso em 13 abr 2023. Trad. livre.

1. Ninguém será sujeito a coerção que possa limitar sua liberdade de ter uma religião ou a crença de sua escolha.

2. A liberdade de manifestar a própria religião ou crença somente poderá ser submetida às limitações que sejam prescritas em lei e que forem necessárias para proteger a segurança pública, a ordem, a saúde, a moral ou os direitos e liberdades fundamentais de terceiros.

Essas garantias se contrapõem à imposição arbitrária de religiões estatais, como ocorre em teocracias islâmicas, ou em Estados antirreligiosos, que impedem o exercício de qualquer forma de cerimônia, ritual, ou reunião com finalidades religiosas.

Nas democracias, em tese, o Estado é laico, ou seja, em seu domínio não existe – nem pode existir – religião estatal. Embora não proíbam o exercício religioso, os mandatários não podem impor seus conceitos religiosos através dos poderes do Estado, seja ele Executivo, Legislativo ou Judiciário. Nenhum governante, nenhum legislador, nenhum juiz pode invocar validamente fundamentos religiosos para as decisões ou políticas que adota, pois a motivação e fundamentação de atos políticos e decisões judiciais deve ser exclusivamente a lei. Isso garante que ninguém seja coagido a fazer algo a não ser o que está previsto em lei.

Ao mesmo tempo, como dever de universalidade, o Estado deve estar legalmente estruturado para dar suporte a todo tipo de crença, desde que essa crença não coloque em risco "segurança pública, a ordem, a saúde, a moral ou os direitos e liberdades fundamentais de terceiros", como determina a Resolução da ONU, lembrando que, para tanto, essa Resolução deve ser referendada pelo Estado para ter validade no âmbito de seu território.

Para entendermos o que tem ocorrido em algumas democracias, é preciso voltar no tempo e compreender o modo como determinadas concepções de mundo vieram a se tornar hegemônicas. Trato especificamente de concepções religiosas que se consideram no direito a ter a palavra definitiva sobre questões sociais que se relacionam, de um modo ou de outro, às suas crenças. Assim, nesse momento, precisamos definir algumas ideias.

Primeiro, a ideia de tolerância. Trata-se de uma disposição para conviver com algo ou alguém de que não se concorda ou gosta. Não toleramos algo que nos é indiferente ou algo de que gostamos. Tolerância é exercida para com uma pessoa que possui ideias, práticas e costumes com que não concordamos, de que não gostamos.[90] Tolerância existe em graus. Um grau nulo de tolerância é encontrado em uma ideologia que não aceita outras além de si própria. Essa ideologia pode ser chamada de exclusivista, por considerar-se absolutamente superior às outras, que são excluídas. Por outro lado, caso uma ideologia aceite outras como caminhos alternativos e covalentes a si, pode ser chamada de pluralista. Em meio termo, uma ideologia pode ser ainda inclusivista, se aceitar outras ideologias com a finalidade de que sejam convertidas à sua própria.

Para entendermos como isso funciona na prática, pensemos em três religiões: a primeira considera as outras religiões como inválidas para a "salvação"; a segunda aceita todas as outras religiões como meios igualmente válidos para a "salvação"; e a terceira considera que todas as outras devam ser respeitadas, para que a conheçam e a ela se convertam. Nesse caso, o destino das outras religiões é serem esvaziadas.

Em se tratando de religiões, o politeísmo tende a ser mais tolerante, ao passo que o monoteísmo tende a ser menos. Isso porque uma divindade única tende a ser exclusivista, ou seja, tende a excluir as outros deuses. A grande maioria das religiões é politeísta, e por isso, o pluralismo ideológico é o que prevaleceu no mundo. E não por coincidência, a maioria das

---

[90] SHARMA, Arvind. **Religious Tolerance**: A History. Gurugram, Índia: Harper Collins Publishers: India, 2019.

guerras religiosas tem religiões monoteístas e suas causas como motivo.[91]

A segunda ideia que deve ser definida é o que se entende por fundamentalismo. Diz-se fundamentalista um modo de interpretação que toma palavras em sentido literal, naquilo que entende como seus fundamentos. Na filosofia da interpretação, ou Hermenêutica, trata-se de uma escolha perigosa, pois, fazendo-se isso ao analisar um objeto qualquer, voluntariamente se escolhe desconsiderar certas questões ou aspectos, e considerar apenas alguns.

Interpretar é dar tradução à uma ideia, a um objeto, e isso é feito de modo particular, ou seja, cada pessoa interpreta de modo individual. A interpretação pode ser mais ou menos eficiente em descrever ou definir o objeto, mas será sempre limitada, seja pelas limitações do próprio intérprete, seja pelas limitações do idioma adotado, seja pelas limitações inerentes à própria linguagem. Quando se trata de textos, por fundamentalismo desconsidera-se que palavras podem ter diversas traduções de sentido, e convenientemente se adota um significado fixo e imutável às palavras que são objeto da interpretação.

Ao se interpretar um objeto, cautela é o primeiro elemento para se evitar o erro. Quando interpretamos algo, antes mesmo de podermos conceber a realidade do objeto, colocamos nossa perspectiva, nossos conceitos e preconceitos à frente dele, muitas vezes sem nos darmos conta disso. Hans-Georg Gadamer, filósofo alemão do Século XX, declara: "Os preconceitos do indivíduo constituem a realidade histórica de seu ser, muito mais do que seus julgamentos"[92].

---

[91] SILVA, Antônio Ozaí da. Monoteísmo e Intolerância Religiosa e Política. *In* **Revista Espaço Acadêmico da Universidade Estadual de Maringá/PR.** Outubro de 2010, nº 113, pp. 153-262. Documento eletrônico, disponível em https://periodicos.uem.br/ojs/index.php/EspacoAcademico/article/view/11370. Acesso em 30 jun 2023.

[92] Tradução livre: *"Los prejuícios del indivíduo constituem la realidade histórica de su ser,mas aún de lo que lo hacen sus juícios"* Apud OSUNA FERNÁNDEZ-LARGO, Antônio. **Hermenêutica Jurídica En Torno A La Hernenéutica de Hans-GeorgGadamer**. Valladolid, España: Secretariado de

As palavras não possuem significados em si, mas têm os significados que lhes atribuímos. Assim, qualquer interpretação que se queira minimamente eficaz em compreender um determinado objeto, seja ele algo concreto ou uma ideia, precisa ser complementada por formas de intepretação que deem relevo a outros elementos, como à história do objeto de estudo, às suas finalidades e correlações com outros objetos, sob pena de se tornar míope.

O problema do fundamentalismo reside naquilo em que ele exclui, ou na maneira como esclerosadamente desconsidera a realidade do objeto no mundo e as limitações inerentes ao ato de interpretar, em detrimento de seu conceito (ou preconceito) sobre aquilo que se propõe a interpretar.

Sabemos que regimes totalitários não toleram contradições. A única verdade é aquela posta pela voz do ícone autocrático, que em si representa a expressão real da ideologia que ele representa. Não importa se possui um caráter político ou religioso, mas o que ele representa deve ser apresentado como verdade definitiva, única e incontestável, para que preserve o apoio popular à "causa" do ícone.

Isso não tem nada de novo. As pessoas sempre precisaram se sentir parte de algo maior do que si mesmas. Por isso os velhos contavam histórias aos jovens, lhes faziam passar por ritos de iniciação, cerimônias de sangue e sacrifício, que lhes conferiam o *status* de membro de uma comunidade maior, fosse ela a família, a tribo, a cidade ou o império. E isso tudo ainda ocorre, e das maneiras mais diversas, para a conservação e preservação do modo de ser das sociedades. Afinal, o ser humano tende a considerar mudanças como indesejáveis, pois criam instabilidades sociais e políticas. O novo raramente é socialmente bem-vindo.

Ao contemplarmos a evolução das sociedades, durante milênios a vida dos povos foi regida por ideais e valores que lhes eram transcendentes. A vida é, em si, um mistério: céus, astros, águas, intempéries, terremotos, caça, plantio, nascimentos, morte. E no centro de tudo isso, a pessoa

Publicaciones, Universidade de Valladolid, 1992, p. 88.

humana, sem entender o motivo dessa criação, as razões da existência disso tudo... No esforço de compreender, a criatividade da mente humana aflora, e inventa a sua própria origem. A voz do ego no pensamento é divina, a cria teogonias e antropogonias, textos divinos que hão de dar estrutura às sociedades que crescem.

Mas as relações de poder são reais, e não imaginárias. No mundo antigo, chefes e soberanos eram também os seus sacerdotes. Os reis sumérios, babilônicos, assírios, gregos e romanos, todos esses eram também os principais representantes da divindade de suas Cidades-Estado, e quando mortos, tornavam-se, eles mesmos, membros do panteão dos deuses adorados e obedecidos por todos. Faraós, imperadores e reis eram, eles próprios, divindades encarnadas, e cabia aos súditos – e, às vezes, a quem quer que pisasse em seu território de domínio – a obediência cega e absoluta a todas as suas ordens, ainda que lhes custasse a vida.

Guerras no mundo antigo não eram travadas apenas em carne e osso, mas também em espírito. As divindades que protegiam os combatentes também guerreavam. A derrota de uma cidade era a derrota de seus Deuses e a glória dos Deuses vitoriosos. O mundo ocidental é resultante da confluência de ideologias específicas, geograficamente distribuídas em torno do Mar Mediterrâneo. Por uma sequência de vitórias de certos povos – e derrotas de outros –romanos se tornaram senhores de grande parte dessa região, impondo seu modo de vida, seu direito, seus valores, ideias e religião sobre esse mundo. As outras religiões eram toleradas sob a condição de que os Deuses romanos fossem devidamente honrados.

Depois de algumas lições desastrosas de intolerância religiosa, ou de tentativa de imposições forçadas de crenças religiosas, por uma necessidade político-pragmática, os povos dominantes se tornaram mais tolerantes com a ideologia de outros povos. A necessidade pragmática do comércio fez com que convivessem sem que suas ideologias entrassem em conflito real, ainda que fossem antagônicas. Ocasionalmente, conflitos ocorriam, especialmente quando os ímpetos expansionistas de algum povo lhes faziam invadir as terras de outros povos. Nesses casos, com frequência a divindade era invocada para proteção e como destinatária da glória expansionista.

Esse foi o caso registrado na Bíblia. Os descendentes de Jacó – também chamado Israel –neto do hebreu Abraão, invadiram, tomaram e dizimaram as populações de diversas cidades no entorno do Rio Jordão. Supostamente sob as ordens de seu Deus, Yahweh, eles massacraram homens, mulheres e crianças, destruíram templos e altares dedicados a outras divindades. Isso tudo pois a terra de Canaã teria sido prometida à descendência de Abraão e eles teriam legitimidade para tomá-la. Motivados por fervor religioso-nacionalista, proclamaram-se legítimos donos de Canaã, terras onde se situam a Palestina, Israel e Jordânia.

As doze tribos de Israel, posteriormente se dividiram politicamente entre dois povos: Israel (que incluía nove tribos e meia) e Judá (que incluía duas tribos e meia)[93]. Israel e Judá conseguiram entrar em conflito com todos os povos ao redor de si, e sofreram sob os calcanhares das forças políticas que coexistiam na região. Em termos religiosos, Israel, cuja adoração foi instituída na cidade de Samaria, separou-se de Judá, que manteve a adoração centrada em Jerusalém.[94] O Judaísmo teve maior destaque do que a religião Samaritana por sua relação com o templo de Jerusalém, construído sob as ordens de Salomão, filho de Davi. Sacrifícios e peregrinações a outros locais eram proibidos. Ambas as cidades foram destruídas – Samaria, pelos assírios, e Jerusalém, pelos babilônios – e posteriormente reconstruídas, sob concessão dos persas, mas nunca mais foram politicamente autônomas.

Depois da queda de Jerusalém no VI Século, em 586/587 a.C.[95], o Judaísmo teve de se submeter à vontade dos impérios

---

[93] FRITZSAND, Troy. O. The Lost Tribes of Israel: Who are their descendants today? *In* **The Jerusalem Post.** Documento eletrônico, disponível em https://www.jpost.com/judaism/article-729707. Acesso em 30 jun 2023.

[94] Em Samaria se desenvolveu a religião Samaritana, que atribuía a si a herança de Israel e rejeitava o Judaísmo, seus profetas e seus escritos.

[95] Veja WASSERTEIN, Bernard *et alii*. History of Jerusalem. *In* **Brittanica.** Documento eletrônico, disponível em

que dominaram a região do Oriente Médio. Esses impérios foram-lhe mais ou menos tolerantes com sua adoração, mas os conflitos nunca deixaram de existir, fossem por questões religiosas, fossem por questões tributárias. Por fim, depois de uma grande insurreição, o Império Romano destruiu Jerusalém e seu templo em 70 d.C.[96]. Isso marcou definitivamente o Judaísmo, retirando do centro da adoração o templo e seus sacrifícios, e trazendo ao foco a tradição rabínica dos Fariseus, conforme expressa em seus livros sagrados. A incapacidade de os judeus lidarem com a autoridade imperial e com diferenças ideológicas e práticas foi determinante em seu destino.

Esse exemplo ilustra o destino de uma ideologia que se pretende – ou pré-entende – superior a todas as outras. Vivemos num mundo plural. Não é possível considerar-se acima dos outros, entender-se definitivo e absoluto em termos de ideais, valores ou conceitos religiosos. Essa pretensão é a que está na raiz de todo fundamentalismo.

Além da história do Judaísmo, também a do Cristianismo[97] é um bom exemplo do fenômeno que tratamos. Os primeiros cristãos não se conformaram à regra de dar honra ao Imperador ou às divindades romanas. Assim, considerados como uma seita do Judaísmo, foram impedidos de exercer sua adoração, proibidos de divulgá-la e punidos com a morte por exercê-la. Mas persistiram, apesar da oposição de Roma, e com o tempo conseguiram um lugar na sociedade romana.

O Cristianismo, mesmo durante a vida dos apóstolos e primeiros discípulos, foi marcado por divisões internas. É preciso ter em mente que não houve um, mas muitos "Cristianismos". O primeiro e o último cristão puro morreu executado na cruz. O que Nietzsche falou é verdade:

> Remonto aos fatos para contar a *verdadeira* história do Cristianismo [des

https://www.britannica.com/place/Jerusalem/History. Acesso em 12 abr 2023.

[96] GIBBON, Edward. **The History of The Decline and Fall of the Roman Empire**. Copenhagen, Denmark: Titan Read, Kindle, 2016.

[97] EUSEBIUS. **The Church History**. Trad. Arthur Cushman McGiffert. Grand Rapids, MI, EUA: B. Eerdmans publishing Company, 1890. Kindle, 2019.

Chirstenthums, no original alemão]. – A palavra "cristianismo" [*Christenthum*, no original alemão] é um mal entendido – no fundo houve um só cristão, e ele morreu na cruz. O "Evangelho" *morreu na cruz.*[98]

Especialmente a partir do Século II d.C. , inúmeras escolas de pensamento[99] – ou "heresias"[100] – surgiram no Oriente Próximo, na África e na Europa, a partir da mistura entre o pensamento judaico-cristão e dos povos em que elas existiam, especialmente o pensamento greco-romano, originado da filosofia, e persa, com raízes no Zoroastrianismo, uma das mais antigas religiões monoteístas[101], que se supõe ter influenciado radicalmente as Religiões do Livro.[102]

Essas escolas heréticas digladiavam entre si por causa dos temas teológicos mais diversos, cada qual atribuindo a si a certeza e o favor divino, e por muitas ocasiões os argumentos cederam à violência. Por fim, o grupo politicamente mais hábil conseguiu cooptar o apoio de autoridades do Império e manipular as coisas para que as outras escolas de pensamento fossem estigmatizadas e banidas pelo próprio Estado romano.

Portanto, o "Cristianismo" declarado religião oficial do Império Romano, por volta do Século III D.C., definitivamente não era universal. Antes, era apenas mais uma das seitas que existiam na época, que foi politicamente capaz de banir as

---

[98] NIETZSCHE, Friederich. **O Anticristo**: Ensaio de uma Crítica do Cristianismo. Trad. Antônio Carlos Braga. 2. ed. São Paulo: Escala, 2008, p. 82. Aforismo 39.

[99] BRITANNICA. **Heresy**. Documento eletrônico, disponível em https://www.britannica.com/topic/heresy. Acesso em 13 abr 2023.

[100] Esta palavra tem sua origem no grego "escolha" ou "opção".

[101] JACKSON, A. V. Williams. Zoroastrianism and the Resemblances between It and Christianity. *In* **The Biblical World**, Vol. 27, No. 5 (Maio 1906), pp. 335-343. Documento eletrônico, disponível em https://www.jstor.org/stable/3140852. Acesso em 13 abr 2023.

[102] KOHLER, Kaufmann; JACKSON, A. V. W. . Zoroastrianism, *in* **Jewish Enciclopedia**. Documento eletrônico, disponível em https://www. jewishencyclopedia.com/articles/15283-zoroastrianism. Acesso em 21 ago 2023.

outras. Nessa mesma época autoridades eclesiásticas definiram quais livros haveriam de compor o Cânon, ou grupo de livros sagrados, das Escrituras Gregas, consolidando a doutrina "oficial" da Igreja Cristã.

Note-se que a definição das doutrinas "oficiais" da igreja cristã foi realizada politicamente, com a exclusão de todas as doutrinas que destoavam dos conceitos cultivados pelo grupo que se apropriou do favor político imperial.[103] Todas essas doutrinas foram declaradas "heréticos", perseguidas e banidas, e seus aderentes desorganizados. Esses conceitos ainda são adotados por algumas religiões de matriz cristã, mas não tiveram o protagonismo do grupo que se tornou a Igreja Católica.[104]

No ínterim, por volta do VII Século d.C. ,nasceu o Islam, movimento que veio complementar a tríade monoteísta das Religiões do Livro. O Islam apresentou-se como síntese definitiva da história iniciada com os profetas das Escrituras Hebraicas, e se afirmou como o verdadeiro caminho da salvação dos que se submetem a Deus.[105] Para o Islam, as pessoas que abraçavam o Judaísmo ou o Cristianismo eram amaldiçoadas e apóstatas, e todas as pessoas deveriam reconhecer a grandeza de Allah, reconhecer seus pecados e se arrepender, e reconhecer a Maomé como o profeta escolhido por Deus para guiar seu povo à senda da justiça.[106]

Posteriormente, no Século XI d.C., a Igreja Católica se quebraria ainda mais por causa de questões teológicas e políticas. Da divisão remanesceriam a Igreja Católica Ortodoxa,

---

[103] GIBBON, *op. cit.*

[104] WILLIAMS, Michael. Gnosticism: religious movement. *In* **Britannica.** Documento eletrônico, disponível em https://www.britannica.com/topic/gnosticism. Acesso em 13 abr 2023.

[105] HOURANI, Albert. **Uma História dos Povos Árabes**. Trad.: Marcos Santarrita. São Paulo: Companhia das Letras, 1994. Ver também COMPARATO, 2006.

[106] Al Bácara (2ª Surata), vs. 2-4. Al-Fátiha (1ª Surata), vs. 6,7. QURAN. **The Noble Quran In the English Language**. Trad. At-Tabari, Al-Qurtubi and Ibn Kathir. Documento eletrônico, disponível em http://www.iium.edu.my/deed/quran/nobelquran/index_t.html. Acesso em 13 abr 2023.

com autoridade sobre Constantinopla e influência na Europa oriental (Bálcãs, Rússia, Império Otomano) e regiões da Ásia, e a Igreja Católica Apostólica Romana, com sede em Roma e influência no Ocidente europeu. Na África permaneceram seitas cristãs ainda mais antigas que a Católica, ao lado do Islam, que estendeu seu domínio político sobre o território.

As divisões na Igreja Católica Romana não cessaram: durante todos os séculos seguintes. Novas seitas surgiam e eram rapidamente (e violentamente) esmagadas, até o Século XVI d.C., quando Martinho Lutero, padre agostiniano envolvido em controvérsias religiosas, obteve apoio político em suas Teses contra a Igreja Católica Romana e se tornou o grande nome da Reforma Protestante na Alemanha. A partir desse marco, o número de seitas cristãs se tornou incontável, cada uma se considerando a verdadeira e definitiva fé cristã.

Concomitantemente, com a expansão marítima, a fé cristã da Europa ocidental transbordou suas fronteiras. Estados "cristãos" impuseram sua fé a todas as colônias em que cravaram sua ganância. No Oriente, já habitado há milênios por culturas avançadas como a chinesa e a indiana, o êxito de conversões foi menor. Mas em regiões vastas como as Américas, a África e a Austrália, as seitas cristãs impuseram suas práticas intolerantes a todos, sem qualquer respeito pelas culturas que dominavam.

Nas Américas Central e do Sul, em que predominavam as colônias de exploração, o processo foi de conversão forçada, mas na América do Norte, em que as colônias foram predominantemente o povoamento, o processo foi de extermínio e genocídio. E as populações da África, condenadas por interpretações sobre a maldição de Noé sobre um de seus filhos, simplesmente foi escravizada para suprir mão-de-obra barata para os colonizadores.[107] Embora a conversão de negros não fosse tão importante quanto seu comércio, a África

---

[107] ROEDEL, Hiram. Do Mito de Cam ao Racismo Estrutural: uma pequena contribuição ao debate. *In* **Afro-Port**. Documento eletrônico, disponível em https://cesa.rc.iseg.ulisboa.pt/afroport/wp-content/uploads/2020/07/ROEDEL-H-Do-Mito-de-Cam-ao-Racismo.pdf. Acesso em 14 abr 2023.

também foi (e ainda é) destinatária de missões de evangelização Católica Romana ou protestante, ainda que tardiamente.

Cada uma das seitas cristãs da atualidade considera a si mesma o melhor caminho da fé. Algumas reconhecem a validade de outras, mas algumas se consideram o único caminho para a salvação, enquanto todas as outras são o caminho para a danação eterna. Todas elas, contudo, consideram-se superiores às outras religiões não-cristãs.

Essa não é uma conduta exclusiva dos cristãos. Existem muçulmanos tolerantes e muçulmanos intolerantes, existem hindus tolerantes e hindus intolerantes. A variação existe conforme a pessoa. O que determina isso é a maneira como a pessoa recebe o texto que considera sagrado. Quando a religião adota um discurso de intolerância, todos os seus membros devem reverberar o ideal pregado. Afinal, religiões não tratam de pessoas, mas de rebanhos, de grupos enormes de pessoas que abdicam de sua autonomia e individualidade em nome da identidade do grupo, de seus valores, normas e padrões. O fundamentalismo é consequência da abordagem institucional dada pelas religiões.

Mas religiões são organizações, instituições, e são regidas por pessoas, cujas escolhas se refletem na ideologia de suas religiões. Os rumos de uma religião dependem das pessoas que assumem a liderança da instituição. Se essas pessoas, se esses líderes, forem intolerantes, imporão sua intolerância e seu fundamentalismo a todos os membros da religião, e tratarão como desviantes – ou apóstatas – quaisquer membros que questionarem suas opiniões. Os líderes religiosos têm o poder de transformar suas opiniões em expressões de vontade divina.

As religiões mais comuns no mundo ocidental são as de matriz cristã romana e as variantes protestantes. Por sua própria definição, seus seguidores são chamados de "ovelhas", e os líderes são seus "pastores". Vejo nisso uma perversa analogia: as pessoas se sujeitam a serem tratadas como animais de rebanho, para "tosquia" e consumo. Seres pensantes não são bem-vindos nesses grupos sociais.

Desde seus primórdios, as seitas cristãs vêm alimentando seus rebanhos com ansiedade e medo do futuro como instrumento de conversão. Os que não pertencem ao "rebanho de Deus" não serão salvos, não terão as bênçãos do seu reino, serão jogados no lago que queima com fogo e enxofre. Piores ainda serão os julgamentos dos que conheceram a "fé" e se desviaram, como Judas. Seus pastores fundamentam suas palavras na leitura emocionada das Escrituras Hebraicas e Gregas, para o terror de seus ouvintes. O rebanho recebe as palavras dos pastores sem discernimento crítico, sem questionamento. Afinal, são palavras dos homens "de Deus".

Especialmente prósperas são as teorias da conspiração adotadas por esses promotores da fé fundamentalista. Lamentavelmente, tornam-se também promotores da ignorância e da intolerância e, em tempos recentes, ao se envolverem como suporte de causas conservadoras e de políticos de extrema-direita, em promotores de movimentos antidemocráticos, por vezes violentos e destrutivos, como os ocorridos em janeiro de 2022 nos Estados Unidos da América, na invasão do Capitólio em Washington DC, e em Brasília, capital do Brasil, na invasão e depredação dos prédios dos Poderes da República em janeiro de 2023, em apoio aos respectivos ex-presidentes.

Tanto nos EUA quanto no Brasil, os invasores proferiram orações durante as invasões, em clara demonstração das bases religiosas das suas motivações.

Teorias da conspiração prosperam nesse ambiente religioso cristão, e isso tem uma razão bem peculiar. Os cristãos fundamentalistas vivem em incessante expectativa de que eventos históricos evoluam de modo a cumprir palavras proféticas registradas nas Escrituras Hebraicas e Gregas. Fala-se de fim do *kosmo*, de fomes num lugar após outro, de terremotos, de dores de parto e ranger de dentes, de anticristos que desencaminham a humanidade para afastá-la do "filho de Deus", entre tantas outras tragédias. Desestimula-se a confiança em governos, instituições ou organizações não religiosas ou não teocráticas, e líderes políticos populistas, que se aproveitam do medo e da angústia que motiva esses cristãos, ascendem ao poder como ícones populares. E sem perceber, um regime democrático nominal se transforma, na prática, em uma teocracia representativa, como se Deus se fizesse representar por seus crentes e pelos legisladores eleitos por eles.

Um dos fundamentos do Estado Democrático de Direito é sua laicidade. Caso fosse diferente, se o Estado privilegiasse uma ideologia religiosa em detrimento das outras, incorreria em uma contradição radical de seus ideais de igualdade e liberdade. Estados democráticos não podem ser teocráticos. Thomas Jefferson, um dos pais fundadores da República dos Estados Unidos da América, considerava que a autonomia da pessoa nesse assunto era absoluta, de modo que ao Estado não cabia qualquer ingerência limitadora ou conformadora.[108]

Mas o que leva uma pessoa a conceber em boa luz a ingerência da moral religiosa na política e em programas de governo? Novamente, a ignorância dos fundamentos e objetivos do regime democrático é o que está nos motivos dessa opção, cuja irracionalidade se torna evidente quando a pessoa é capaz de um mínimo de autocrítica. Imaginemos um Estado em que só existam famílias uniparentais: somente pais ou mães cuidam dos filhos, e nunca os dois juntos. Imaginemos que isso seja um dos fundamentos de uma religião, e que, por força dessa religião, a uniparentalidade seja erigida em lei, e que famílias biparentais, de pai, mãe e filhos, não sejam permitidas por lei. Conseguimos perceber o absurdo de tal situação? Conseguimos sentir o quanto isso nos impactaria?

Do mesmo modo, como pode um Estado que se quer laico querer definir em lei que famílias de fato são somente as constituídas de homem e mulher? Ou querer excluir da existência, por força de lei, famílias uniparentais, ou famílias com dois pais ou duas mães?

---

[108] VIRGINIA HISTORICAL SOCIETY. **Thomas Jefferson and The Virginia Statute for Religious Freedom.** Documento eletrônico, disponível em https://virginiahistory.org/learn/thomas-jefferson-and-virginia-statute-religious-freedom. Acesso em 03 jul 2023.

Estados movidos por moral religiosa se transformam em tiranias. Alguns têm promulgado leis proibindo a existência de pessoas que não se identificam com seu sexo biológico ou que são homoafetivas. Tais leis são feitas com inspiração moral, e a desconsideração da condição existencial desse grupo de pessoas, minoritário ou não, é uma maneira de impor a esse grupo os valores de quem faz as leis. Se a situação fosse invertida, a população cisgênero não se sentiria confortável com a tentativa de limitação de sua liberdade existencial.

O mesmo se aplica à ideologia. Em países muçulmanos, críticas a textos religiosos islâmicos são proibidas, e tanto mais veementemente se são públicas.[109] Em países da cristandade, é crescente o ativismo contra formas de expressão que violam a moral cristã, e o mesmo ocorre em Israel e na Índia.

A democracia existe para viabilizar a vida das pessoas em sociedade, mas ela requer uma disposição específica para a tolerância, para o respeito interpessoal, e requer que a esfera pública de diálogo seja um espaço de trégua ideológica. A *ágora*, a praça pública, não pode ser tomada por um grupo religioso que impeça o trânsito ou a voz de quem não pertencer àquela religião.

O problema não são as religiões em si, mas o fundamentalismo que prospera nesse meio. Na verdade, religiões dão sentido e significado à vida das pessoas, que são as verdadeiras destinatárias das prestações e garantias do Estado, incluindo os direitos que são garantidos nos textos legais. A proteção da liberdade ideológica é uma das mais fundamentais atividades do Estado, e isso definitivamente não significa colocar o próprio Estado a serviço das instituições religiosas por concordância com seus ideais.

É preciso notar que liberdade da religião não é um direito absoluto. A Resolução nº 36/55 da Organização das Nações Unidas, chamada da de "Declaração sobre a Eliminação de

---

[109] AKYOL, Mustafa. Freedom in the Muslim World. *In* **Economic Development Bulletin – CATO Institute**. Nº 33, de 25/08/2020. Documento eletrônico, disponível em https://www.cato.org/economic-development-bulletin/freedom-muslim-world#. Acesso em 03 jul 2023.

Todas as Formas de Intolerância e Discriminação Baseadas na Religião ou Crença"[110], já referendada por centenas de Países, estabelece que:

> A liberdade de manifestar a própria religião ou as próprias convicções estará sujeita unicamente às limitações prescritas na lei e que sejam necessárias para proteger a segurança, a ordem, a saúde ou a moral pública ou os direitos e liberdades fundamentais dos demais.

Do mesmo modo que um cristão conservador deseja que seus direitos sejam garantidos e efetivados, um ateu, um hindu, um muçulmano ou um budista também o desejam. Nesse contexto, não é admissível a tentativa de imposição de conceitos pessoais e de uma moralidade específica a pessoas de outras crenças. O que verificamos pelo mundo afora é exatamente o inverso disso. Hindus espancam muçulmanos que comem carne bovina, pois entendem que têm o direito de exigir essa abstinência das minorias residentes em seu país. Legisladores cristãos querem abolir a homoafetividade por se considerarem no direito de impor sua moral religiosos a todos em seus países. Muçulmanos restringem as liberdades e exigem a submissão absoluta das mulheres de seus países por se considerem legitimados pelo seu livro sagrado. Membros desses grupos religiosos são designadas para funções públicas e terminam por sitiar os Poderes do Estado e colocá-los a serviço de uma ideologia particular, ainda que majoritária. Transformam, desse modo, o regime em uma autocracia ideológica.

Foi exatamente isso o que ocorreu na Alemanha nazista. As pessoas que foram eleitas com compromisso de defender os ideais da Constituição de Weimar, promulgada em 1919, se

---

[110] ORGANIZAÇÃO DAS NAÇÕES UNIDAS. **Declaração Sobre A Eliminação de Todas as Formas de Intolerância e Discriminação Fundadas na Religião ou nas Convicções**. Documento eletrônico, disponível em http://www.dhnet.org.br/direitos/sip/onu/discrimina/religiao.htm. Acesso em 03 jul 2023.

apropriaram das instituições do Estado e passaram a implementar sua própria ideologia racial, baseada nos ideais de supremacia ariana adotados pela ideologia do Partido Nacional Socialista. Através de diversos atos legais, transformaram uma democracia frágil em uma autocracia centrada na vontade de um ícone político, o *Füher*.

Seria ingenuidade pensarmos que o Partido Nazista agia contra a vontade popular, que sua violência contra judeus, comunistas, homossexuais, doentes mentais e pessoas inválidas fosse desaprovada pela população. Os membros do Partido Nazista foram eleitos com voto popular, com apoio popular ao seu projeto de poder. Os Nazistas não fizeram um golpe de Estado, mas chegaram ao poder por vias institucionais, como qualquer outro governante ou representante legislativo eleito. Com o passar do tempo, Hitler, apoiado por seu Partido e pela população, passou a se posicionar contra as instituições democráticas e agir contra elas, restringindo cada vez mais as liberdades de quem não os apoiasse. Através de sua ideologia, o Nazismo foi capaz de arregimentar a cumplicidade de toda uma população a favor dos crimes contra a humanidade que cometia à vista de todos os cidadãos. Nenhum cidadão alemão podia afirmar não saber das atrocidades cometidas, pois tudo o que o Governo Nazista fazia era publicado, exatamente para fomentar o apoio popular ao seu *Füher*.[111]

A ascensão dos ícones políticos atuais segue a mesma lógica, e talvez por isso alguns erroneamente atribuem a eles os adjetivos de "fascistas" ou "nazistas". Embora esses ícones, com frequência, façam referências e citações a ideias fascistas, não há real correspondência. O contraste entre o Fascismo original demostra isso. Como declara Robert Paxton, no livro "Anatomia do Fascismo"[112]:

---

111 GOLDHAGEN, 1997. KOGON, Eugen. **The Theory and Practice of Hell**: The German Concentration Camps and The System Behind Them. Trad. Heinz Norden. NewYork: Ferrar, Straus & Co., [1956].
112 *Apud* MAGENTA, Matheus. O que significa ser fascista? *In* **BBC News Brasil**. Documento eletrônico, disponível em https://www.bbc.com/portuguese/geral-62520995. Acesso em 03 jul 2023.

> ...o fascismo pode ser definido como um comportamento político marcado por uma preocupação obsessiva com a decadência e a humilhação de um grupo social, tido como vítima; um partido de base popular formada por militantes nacionalistas; uma cooperação ambígua com elites tradicionais; um repúdio às liberdades democráticas; limpeza étnica (havia perseguição a judeus e a membros da etnia roma — conhecidos popularmente como ciganos— tanto no nazismo quanto no fascismo, por exemplo); expansão internacional violenta; e desrespeito às leis e à ética.

Por sua vez, Edda Saccomani Salvador, socióloga italiana, no "Dicionário de Política" organizado pelo filósofo Norberto Bobbio, afirma que[113]

> ...se entende por Fascismo um sistema autoritário de dominação que é caracterizado: pela monopolização da representação política por parte deum partido único de massa, hierarquicamente organizado; por uma ideologia fundada no culto do chefe, na exaltação da coletividade nacional, no desprezo dos valores do individualismo liberal e no ideal da colaboração de classes, em oposição frontal ao socialismo e ao comunismo, dentro de um sistema de tipo corporativo; por objetivos de expansão imperialista, a alcançar em nome da luta das nações pobres contra as potências plutocráticas; pela mobilização das massas e pelo seu enquadramento em organizações tendentes a uma socialização política planificada, funcional ao regime; pelo aniquilamento das oposições, mediante o uso da violência e do terror; por um

---

[113] BOBBIO, Norberto *et alii*. Fascismo. *In* **Dicionário de Política**. Trad. Carmen C. Varriale *et alii*. 11. ed. Brasília: UNB, 1998. Vol. 1, p. 466.

> aparelho de propaganda baseado no controle das informações e dos meios de comunicação de massa; por um crescente dirigismo estatal no âmbito de uma economia que continua a ser, fundamentalmente, de tipo privado; pela tentativa integrar nas estruturas de controle do partido ou do Estado, de acordo com uma lógica totalitária, a totalidade das relações econômicas, sociais, políticas e culturais.

Nessa perspectiva, não encontramos nos movimentos de extrema-direita contemporâneos características como o "enquadramento em organizações tendentes a uma socialização política planificada", "dirigismo estatal no âmbito de uma economia" ou controle partidário da "totalidade das relações econômicas, sociais, políticas e culturais". Pelo contrário, o ímpeto é de liberalização absoluta da economia, e faltam a esses partidos a capacidade e a intenção de se transformarem em partidos únicos, visto que isso traria à tona suas intenções totalitárias. O que melhor define esses movimentos é a expressão "nacional-populistas"[114], dadas as características de suas ideologias e das atitudes que adotam.

Os partidos de tendência autocrática trilham, de fato, o caminho para o totalitarismo, entendido como movimento destinado a colocar todas as pessoas da sociedade a serviço exclusivo do Estado e de sua ideologia. Mas os Estados contemporâneos que adotam essa via não incorrem nos mesmos erros que incorreram Stalin, Mussolini, Hitler, Mao, e outros tiranos. Afinal, aprenderam com os erros dos ditadores do século XX, e também com seus acertos. Por isso, apresentam-se como um novo nacionalismo, comprometido com o combate ao inimigo que ameaça a nação – seja o comunismo, a degeneração da diversidade de gênero ou a

---

[114] VAQUER, Jordi. Nacional-Populismo no Poder: Uma Terceira Onda Autoritária Varre do Mundo. *In* **openDemocracy**. Documento eletrônico, disponível em https://www.opendemocracy.net/pt/nacional-populismo-poder-terceira-onda-autoritaria/. Acesso em 23/11/2023.

corrupção na política. Apresentam-se como "democráticos" e, para isso, mantêm a população politicamente analfabeta quanto ao funcionamento das instituições do Estado, aos seus deveres e limites, aos controles constitucionais de repartição de poderes. Afinal, governantes "honestos" não precisam de limites ou contrapesos.

O novo totalitarismo se sustenta, em boa parte, com apoio de uma parcela da população, que mantém sua convicção no caráter democrático de seu ícone. Seus eleitores são ardorosos defensores da moralidade nacional, completamente convencidos de que seus líderes são honestos, imaculados, defensores incansáveis dos interesses mais importantes do seu país. A adesão desse eleitorado se dá pelo carisma do ícone, por sua presença marcante e suas expressões bombásticas proferidas contra os inimigos da nação e contra quem os ouse desafiar. Curiosamente, as pessoas que apoiam esses movimentos têm a convicção de que seu apoio à ideologia do Estado Total é o exercício da mais absoluta liberdade, de sua verdadeira virtude e destino enquanto cidadão.

A semelhança com um credo religioso não é mera coincidência. Conforme declara Waldemar Gurian (1902-1954), cientista político germano-americano[115], o totalitarismo é basicamente um movimento religioso, que não almeja somente a modificação política e social das instituições, mas também a conformação da natureza do homem e da sociedade. E realiza isso por impor sua ideologia, seus valores, seus códigos de conduta a todos, indistintamente. Assim, no Estado Total não existem mais vozes na sociedade, mas uma só voz, em uníssono, a referendar todos os atos do Estado e do ícone que o representa.

Nos países onde proliferam partidos com essas tendências, sempre há um conjunto de elementos ideológicos que uniformiza o discurso político. Primeiro e mais comum, o fator

---

[115] GURIAN, Waldemar. The Totalitarian State. *In* **The Review of Politics**, vol. 40, no. 4, 1978, pp. 514–27. Documento eletrônico, disponível emhttp://www.jstor.org/stable/1406761. Acesso em 20 abr 2023.

"nação", afirmado como identidade nacional, é o mais apelativo. Na Índia de Modi[116], em "democracias" cristãs, em teocracias islâmicas, no Israel de Nethaniahu, na China, em alguns Estados europeus, nos Estados Unidos da América dos republicanos trumpistas, ou no Brasil de Bolsonaro, as pessoas afirmam seu pertencimento a um ideal de cidadão que lhes é dado pelo discurso político dominante, e esse ideal é frequentemente associado à ideologia religiosa. É como se todo indiano tivesse o dever cívico de ser hindu; como se todo afegão, paquistanês ou egípcio tivesse a obrigação moral e cívica de ser muçulmano; como se todo israelense fosse necessariamente judeu, sionista, e estivesse em guerra constante com a Palestina;. como se todo europeu ou americano fosse necessariamente branco e cristão; como se todo brasileiro fosse católico ou evangélico, e tivesse absoluta certeza de que não há nem desmatamento criminoso, nem mudança climática, nem racismo no Brasil. A construção dessa ideia do cidadão é promovida e reverberada pelo discurso totalitário, que conforma e impõe violentamente seu modo de existir às pessoas que vivem nas suas fronteiras.

O segundo elemento da ideologia totalitária é o "inimigo". Em todo discurso totalitário há alguém, algum grupo político, social ou étnico, ou alguma ameaça externa – e, frequentemente, interna – que é apresentada como antagonista dessa identidade cidadã total. O livro "1984"[117], obra magistral de George Orwell (1903-1950), descreve uma sociedade distópica, chamada Oceania, governada totalitariamente por um "Grande Irmão", em constante guerra com a Eurásia e sua ideologia. Sob seu domínio, as pessoas são alimentadas com

---

[116] Na Índia, país de religião Hindu, sob Narendra Modi, político de extrema-direita, prospera desde 2014 um movimento que tem transformado o país inteiro em um ambiente de intolerância para com outras formas de adoração e seus lugares de adoração. Semelhanças com o Nazismo Alemão não são poucas, incluindo o uso da Suástica. Mesquitas e igrejas queimadas, pessoas espancadas por turbas que permanecem impunes, fazem parte do saldo desse movimento de identidade nacional. A tradição hindu era exatamente oposta: considerava todas as religiões como caminhos alternativos.
[117] ORWELL, 2021.

notícias e informações – nem sempre verdadeiras (mas isso não importa, afinal...) – convenientes aos interesses do "Grande Irmão", sobretudo para mantê-las em constante estado de medo, ansiedade, angustia e dependência do Estado. O principal inimigo é "Goldstein", anterior membro do Partido que se tornou o cérebro de uma conspiração para sabotar a feliz sociedade do "Grande Irmão".[118]

De modo semelhante, em qualquer movimento autocrático e totalitário, independente se de esquerda ou de direita, verificamos que há um "inimigo" ativo, onipresente e subversivo. Olhando para o passado, encontramos os comunistas contra Mussolini; os judeus contra Hitler; os capitalistas contra Stalin, Mao, Pol-Pot e Fidel Castro; o "Grande Satã" e a degeneração ocidental contra os muçulmanos – sem contar os dissidentes políticos de seus próprios domínios.

Olhando para nossos dias, as ideologias elegeram outros "inimigos", para gerar adesão e coesão de pessoas em favor dos Partidos e Estados totalitários. Na verdade, esses novos inimigos são mais do mesmo: qualquer pessoa que não se conforme ao conservadorismo extremista, qualquer movimento social que represente alguma violação de seus valores morais ou políticos.

Como no romance de Orwell, e especialmente no Ocidente, os inimigos de hoje são reais e imaginários. Inimigos reais são todos os que se opõem ao conservadorismo cristão, ou que reclamem contra algum tipo de injustiça que lhes tenha sido imposta. Negros que protestam contra tratamentos discriminatórios, proletários que reclamam de seus baixos

---

[118] Considera-se que o "Grande Irmão" de "1984" tenha sido inspirado em Joseph Stalin(1878-1953), que chegou ao poder pouco depois da Revolução Russa de 1917, e na maneira como controlava a população e os movimentos de dissidência, sendo "Goldstein" uma versão do revolucionário dissidente Leon Trotsky (1879-1940), supostamente assassinado a mando de Stalin. Do mesmo modo como Orwell descreve em seu livro, a mera consideração teórica de oposição a Stalin e seu Estado total resultava em punição, que era espetacularmente divulgada para pedagogia do rebanho. BERTIN, George (Org.). **Os Grandes Julgamentos Da História**: Os Processos de Moscou. Rio de Janeiro: Otto Pierre, 1978.

salários, pessoas que contestam a heteronormatividade sexual, que protestam contra regulamentos discriminatórios, todos esses são rotulados como "inimigos".

Os inimigos imaginários, por sua vez, estão em todos os lugares, reais ou virtuais. Esses inimigos são protagonistas das teorias conspiratórias que pervadem todas as redes e conversas sociais. São os democratas pedófilos que desencaminham multidões através do cinema, de novelas ou de programas educacionais escolares. São também as pessoas que querem fazer com que todos as pessoas brancas se sintam mal pelos males e sofrimentos suportados pelas pessoas negras durante o tempo em que foram escravizadas, bem como pelos resultados sociais dessa escravização. Ou ainda as pessoas que querem reconhecer a existência de mais gêneros do que aqueles que Deus criou.

Esses inimigos, na verdade, não são novos. Se recorrermos à história das Religiões do Livro – Judaísmo, Cristianismo e Islam, perceberemos que a ideia de perseguição contra seus crentes sempre existiu, e justificou muitos de seus atos de rebelião e intolerância. Os sofrimentos infligidos aos seguidores dessas religiões seriam apenas reverberações do ódio do mundo satânico contra eles, que independia de sua conduta. Essas religiões naturalizam, a partir de seus textos sagrados, a escravização de pessoas; se opõem a quem não adere ao conceito de família patriarcal; ou a quem rejeita a exclusividade masculino-feminino na questão de gênero. Repudiam pessoas de outras religiões, especialmente das possuem alguma forma de ritual com invocações de magia ou espíritos dos mortos. Afinal, tudo isso afronta o que dispõe o Livro, sejam as Escrituras Hebraicas, as Gregas Cristãs ou o Alcorão.

Assim, não é de se espantar que judeus, cristãos ou muçulmanos, tentem impor seus valores religiosos à política de seus países, através da cooptação das instituições de poder por representantes de suas ideologias. Em países árabes ou do Oriente muçulmano, via de regra isso se dá como ato da família real, ou do Sheik no poder. Mas no Ocidente, isso ocorre em democracias, onde, através de maciças e bem financiadas campanhas de propaganda política, elegem-se fanáticos a cargos de legisladores ou administradores[119], utilizando como pauta o retorno à moralidade religiosa conservadora, a defesa da liberdade cristã, e a realização da vontade de seus eleitores– leia-se, "a imposição da palavra e a lei de Deus a todos", seja ela a Bíblia, a Torah ou o Alcorão.

O mais curioso disso tudo é que o fundamento dessa forma de tirania é, via de regra, a vontade do povo. Friedrich Müller[120] expôs essa vulnerabilidade das democracias à degeneração, por oferecerem espaço para que o poder seja tomado por uma maioria que se imponha a todas as outras minorias sociais, com fins a seu extermínio. Isso foi exatamente o que ocorreu na Alemanha de Hitler, e pode ocorrer novamente, com algumas diferenças.

Adolf Hitler consubstanciou um ideal de político secularmente sonhado, não só por alemães e austríacos, mas também por pessoas de muitas outras nações, incluindo ingleses, franceses, italianos, espanhóis, portugueses e russos. Muitos admiravam sua política antissemita, que consideravam como um corajoso movimento de autoafirmação nacional e vindicação cristã. Afinal, há séculos a Europa vinha destilando um ódio irracional e mortal por judeus.[121] Esses europeus queriam que as restrições que Hitler vinham impondo aos judeus também o fossem em seus países. Como resultado dessa admiração, as potências da Europa foram excessivamente tolerantes com os avanços Alemães nas décadas de 1920 e 1930, exatamente porque reconheciam valor no que Hitler implementava em território alemão.[122]

Atualmente, o ódio racial contra os judeus, bem como aos inferiores não-arianos, cedeu lugar a outro elemento: a etnia "cultural". A "teologia" da supremacia étnica é a noção de que existe uma natureza cultural ideal que não se comunica, a não ser por meio a etnia da pessoa. Isso significa que um negro

---

[119] Presidentes, governadores ou prefeitos.
[120] *Op. cit.*
[121] GOLDHAGEN, 1997. Veja-se também ARENDT, 1989.
[122] RICKS, Thomas E. **Churchill & Orwell**: A luta pela liberdade. Rio de Janeiro: Zahar, 2019.

não pode ser francês, alemão ou inglês, mas somente pessoas brancas, de matriz étnica e cultural europeia, são capazes de viver a nacionalidade francesa, alemã ou britânica. O mesmo se dá em outros países. O culturalismo nacional é o novo racismo.

Essas tendências se manifestam também na política, que tem sido cooptada por pessoas que adotam esses ideais. A xenofobia, alimentada pelo recrudescimento das fronteiras nacionais, pela demonização dos estrangeiros que são tratados como escória que transborda dos caldeirões de pobreza em direção a países da Europa, para os Estados Unidos, cresce em rompante, sob a lógica "racional" da defesa da segurança e do modo de vida das nações "invadidas".

Os ícones do conservadorismo nos países de regime democrático constroem suas bases políticas através de apoio popular, mas não sobre um eleitorado consciente, bem formado na teoria democrática, conhecedor da legislação constitucional ou eleitoral de seus países. O eleitorado é intencionalmente mantido ignorante de diversos aspectos da realidade política e legal, de modo que vive sob uma concepção de mundo artificial, construída pelo discurso do senso comum da bolha ideológica em que são mantidos. Essa manutenção ocorre através dos vínculos das pessoas em redes sociais e pelos veículos que as informam. O discurso veiculado nessas redes sociais e nesses agentes de imprensa, via de regra, se conforma ao fundamentalismo adotado pelo ícone. Esse ciclo alimenta a ideologia, as teorias de conspirações, o medo, e, por conseguinte, a ignorância e o fanatismo das massas alienadas.

A natureza escatológica das Religiões do Livro, especialmente os seus ramos fundamentalistas, cria um ambiente fértil para a proliferação de teorias conspiratórias. Afinal, muitos crentes esperam com ansiedade o fim do mundo, o dia em que ceifarão suas recompensas. A Bíblia fala que antes disso ocorrer, haverá uma "grande tribulação" como nunca se viu antes, com guerras, fomes, terremotos, degeneração das relações sociais e da moral.[123] Assim, cristãos observam eventos do mundo com ânimo, imaginando a realização de suas esperanças e da aplicação do julgamento de Deus sobre os não-cristãos e sobre os crentes hipócritas.

Para muitas das pessoas dos movimentos Q-Anon e similares, os líderes do mundo são reptilianos pedófilos que nos querem manter cativos para sua exploração, e a missão de seus ícones é o combate a essas formas de opressão contra a humanidade. Acreditam com absoluta convicção nas teorias conspiratórias que proliferam em suas dinâmicas bolhas ideológicas, dispersas nas redes sociais.[124] Essa é a degeneração fundamentalista que se alimenta da ignorância institucionalizada.

O mundo do Século XXI é resultado de todos os outros séculos pretéritos e de todos os atos e fatos ocorridos durante esse tempo. A evolução da ideia de justiça social[125], positivada na Declaração Universal dos Direitos Humanos de 1948, é a consubstanciação das expectativas das pessoas de nosso tempo, que vivem o presente com vistas num mundo melhor. O problema é que há um peso em ser livre, que muitos não estão dispostos a assumir. Preferem formas arcaicas de normatividade, e preferem existir como ovelhas de um rebanho dócil e se submeter a serem tosquiadas por quem alimenta sua própria vaidade com a obediência das massas.

---

[123] Mateus Cap. 24, Marcos Cap. 13, Lucas Cap. 6.

[124] Acredito que Q-Anon seja o movimento mais emblemático do que ocorre atualmente no mundo virtual, como fenômeno da promoção da ignorância e de teorias conspiratórias. As pessoas desse grupo têm certeza da existência um esquema secreto de tráfico sexual de crianças e satanismo, que estaria sendo implementado no mundo inteiro por democratas, comunistas e celebridades, para acabar com o estilo de vida ocidental. E são estruturados de forma descentralizada, de modo que a cada momento surge uma nova teoria conspiratória, para alimentar o engajamento do grupo. DE COOK, Julia. Q-Anon passou de conspiração obscura a um culto completo. *In* **openDemocracy**. Documento eletrônico, disponível em https://www.opendemocracy.net/pt/qanon-de-conspiracao-obscura-a-culto/. Acesso em 05 jul 2023.

[125] Para um aprofundamento maior na ideia de Justiça, veja-se MALUF, 2021.

O Estado laico, a democracia constitucional e a liberdade exigem um esforço coletivo de manutenção. A mera vigência de uma Constituição democrática não a torna efetiva. É preciso que a união que a criou permaneça, de tal modo que se possam implementar seus preceitos na vida real. Todas as pessoas que se submetem a ela devem compreender suas bases, sua ideologia, seus motivos, sua estrutura e regramento, para que possam colaborar em sua realização.

Democracia é um regime frágil. Ela requer que pessoas que assumam cargos políticos sejam honestas e se comprometam com a realização dos valores sociais de justiça, paz, ordem, igualdade e liberdade. Mais do que isso, ela requer que todas as pessoas, toda a sociedade, seja politicamente educada – o que inclui a compreensão de processos históricos de inclusão e exclusão, aprendidos a partir das experiências de gerações anteriores. A educação é, portanto, fundamental para a preservação dos regimes democráticos. Ela é um caminho para a superação das perversas cadeias instituídas pela ignorância natural, e ainda mais para prevenção contra as formas artificiais de ignorância, fomentadas pelo fundamentalismo político ou religioso.

Liberdade e Igualdade

Especialmente no Mundo Ocidental, existe uma linha bem nítida que demarca as esferas pública e privada da vida humana. A esfera pública trata de temas como a Constituição do Estado, sua estrutura, seu regime governo, e temas de relevância como os Direitos Penal, Ambiental, Econômico, Tributário. Por outro lado, e com muita relevância, a esfera privada trata da realização da pessoa humana, desde seu nascimento até sua morte, e existe toda uma tutela legal da vida, desde antes do nascimento, passando pelas realizações materiais da pessoa durante sua existência; pelos vínculos firmados entre cônjuges, filhos, pais, irmãos e outras pessoas; e abordando as implicações da própria morte da pessoa sobre essas relações estabelecidas. Até a memória e reputação de pessoas falecidas é protegida no direito civil.

Essa tutela legal é extremamente útil, pois representa uma definição *a priori* de uma série de conflitos potenciais entre os muitos interesses pessoais existentes na vida social. Trata-se de compromissos, responsabilidades, obrigações e direitos que, na ausência de normas, haveriam de desembocar nas mãos de juízes para decisão. Em muitas sociedades, são decididas pelos líderes da religião. Na existência de normas jurídicas específicas sobre esses temas, muitos conflitos são poupados, uma vez que as pessoas, por conhecerem essas normas, se dispõem, elas mesmas, a aplicá-las e dar ordem às suas relações, compreendendo com clareza seus direitos e suas responsabilidades. Um exemplo prático está em colisões de veículos no trânsito das metrópoles: a maioria desses eventos pode ser resolvido por composições de acordos pessoais, em que os culpados se dispõem a admitir a responsabilidade pelos danos causados.

O Direito Civil é o ramo que trata desses temas, visto que regula a esfera da liberdade humana, dando às pessoas o poder de criarem para si as normas que ordenam a vida, naquilo que o Estado silencia. Como se diz, um contrato faz lei entre as partes que o celebram. Essas partes, essas pessoas, se tornam legisladoras de suas próprias vidas. Mas existem também riscos que essa liberdade cria, questões e conflitos para que a sociedade ainda não encontrou uma solução segura, especialmente em países de regime democrático.

O principal problema do Direito Civil é a ficção de igualdade material que ele adota como regra na legislação. De fato, todas as pessoas devem ser tratadas como iguais perante a lei: os direitos pessoais devem ser universais, ou seja, devem ser aplicados a todas as pessoas, geral e universalmente, assim como os deveres. Mas as pessoas não são iguais, nem sentido material ou em nenhum outro, além do legal. Seria maravilhoso se todos fossem igualmente bem educados em matemática, linguagens, história, geografia, física, química, noções de psicologia e, em especial, noções de direito! Mas isso não é assim: cada pessoa tem seu arcabouço de conhecimento sobre diferentes temas, e o pior, cada pessoa possui um conjunto próprio de valores, que muitas vezes são aplicados (ou não) pela conveniência pessoal!

Todas as pessoas querem que seus direitos personalíssimos sejam respeitados. Segundo a Declaração de Direitos de 1948, a cada um, pessoalmente, é dada autonomia de escolher seus valores, suas ideias e sua religião (incluindo a ausência de crença), para viver de acordo com eles. Isso engloba a totalidade da vida da pessoa. Nenhuma outra pessoa tem o direito de lhe impor suas próprias ideias, valores.

O mais comum, apesar dessas garantias, é que essas mesmas pessoas que querem ter seus direitos garantidos se adiantam em afirmar a superioridade dos seus próprios ideais e tentam moldar as leis em conformidade com seus próprios valores, ainda que isso represente a invasão da esfera privada de outras pessoas. Nessa mesma intenção, constituem-se associações de defesa de valores morais e religiosos, que se empenham em *lobbies* políticos, campanhas sociais em redes virtuais e perseguição a pessoas publicamente conhecidas por sua dissonância da moral convencional, e desfilam publicamente com placas e estandartes que proclamam a condenação divina aos desviados da moral consagrada.

Essas associações, formais ou informais, promovem campanhas pela "defesa da moral e dos bons costumes", em passeatas, manifestações públicas, mas agora em redes sociais. Na verdade, essas campanhas são instrumentos da guerra ideológica que esses movimentos têm como sua razão de existir. Tais campanhas reforçam a unidade entre o rebanho, consolida a influência positiva do líder sobre seus seguidores, e constitui uma onda de enfrentamento contra a ameaça da degeneração moral.

Esse discurso esteve presente em todos os ditadores da onda do início do Século XX, e volta a estar presente nos discursos de populistas e teocratas do Século XXI, e mesmo em ideologias e movimentos sem líderes, como o extremismo veganista, feminista, *woke* ou similares. Mas já falamos muito disso ao tratarmos da onda fundamentalista e sua nefasta influência na democracia e nos direitos fundamentais. Quero abordar aqui outra esfera humana, ameaçada pelo fundamentalismo e pela ignorância promovida por ele.

A história do Direito Civil, direito de cidadão, coincide, em boa medida, com a história do Direito Constitucional.[126] As Constituições dos Estados, mesmo no Mundo Antigo, em que essas constituições se fundamentavam na tradição, no costume e na religião, traziam em si as prerrogativas – ou direitos – dos cidadãos do Estado, do Império ou da cidade.[127]

---

[126] DI RUFFIA, *op. cit.* FIORAVANTI, *op. cit.*

As pessoas sabiam de seus deveres e direitos, especialmente os chamados "homens livres". Mulheres, estrangeiros e escravos não possuíam *status* de cidadão. Via de regra, a cidadania estava relacionada à propriedade: se a pessoa possuía bens, especialmente terras na cidade, ela usufruía de prerrogativas especiais. Quem só possuía prole – quem fosse *proletário*– tinha um *status* diminuído, e se tinha de vincular a algum senhor para sua própria proteção e de sua prole.

A maioria das pessoas no mundo antigo não conheceram a liberdade como nós a conhecemos. Por não serem proprietárias de terras, estavam sempre à mercê nobres ou cidadãos terratenentes, que eram os verdadeiros governantes das cidades antigas. Quem podia, ingressava no serviço militar e colocava-se ao dispor das forças do Estado, ou ingressava em serviço civil, e se tornava instrumento da burocracia oficial. Esse *status* de serviço público lhes impunha condutas e obrigações que eliminavam a possibilidade de autonomia na vida prática. Tanto a vida pública quanto a vida privada desses homens era regida pela vontade do Estado.

Uma classe que gozava de alguma medida de liberdade era a dos comerciantes, mas em tudo o que faziam nos limites das cidades, dependiam de autorizações oficiais, sob a tutela dos órgãos burocráticos. O pagamento de tributos lhes limitava os lucros, que muitas vezes eram exauridos pelas altas taxas cobradas pelos funcionários públicos encarregados dessa cobrança.

Podemos imaginar que pessoas que viviam longe das cidades tinham mais liberdade. Mas elas viviam sob o império do medo de ataques de salteadores. Prostitutas não tinham senhores, mas viviam sob os limites de sua beleza, de sua juventude e do dinheiro que recebiam por seus serviços. Mas liberdade e autonomia de pensamento eram absolutas exceções. Quem se arvorasse a proclamar sua própria

---

[127] Novamente, lembro o limite de nossa própria perspectiva: tratamos da história do nosso Direito, o do Ocidente. Embora existam semelhanças, o desenvolvimento da ideia de liberdade e igualdade foi muito diferente entre os povos do ocidente e do oriente. COULANGES, 2001.

---

autonomia, ou que se posicionasse contra a tradição religiosa, moral ou política de seu tempo, certamente sofreria sanções.

Foi o caso de Zaratustra, na Pérsia, que em seus primeiros dias como pregador sofreu perseguições e encarceramentos. Foi o caso de Sócrates, em Atenas[128], cujas indagações e especulações levaram-no a ser condenado pelos juízes de Atenas como negacionista dos Deuses e corruptor da juventude. Foi também o de Jesus de Nazaré, que morreu por influência dos líderes judaicos, após lhes ter exposto a hipocrisia e apontado um novo sentido da religião nacional judaica, e de Giordano Bruno de Nola, condenado por todas as religiões em que ingressou e, por fim, queimado pela Inquisição Católico-Romana.[129] Poderíamos continuar infinitamente falando de personagens que ousaram reclamar o direito de pensar e falar com liberdade e autonomia, contra formas institucionalizadas ou não de poder.

Essa situação, desenhada em linhas gerais, se estendeu por milênios, desde as primeiras civilizações do Crescente Fértil, em que tudo nas cidades, incluindo seus moradores, casas, campos e animais, pertenciam aos Reis-Sacerdotes ou Deuses encarnados, passando pelos Impérios e Cidades-Estado, até os feudos em que se fragmentou o Mundo Antigo. As pessoas nunca foram tratadas como iguais perante a lei e a tradição que lhes regia, nem gozavam efetivamente de liberdade e autonomia de pensamento.

A evolução da consciência se deveu à reinterpretação do sentido de humanidade ocorrida a partir da Renascença, que passou a considerar o humano mais próximo ao divino, como retratada na emblemática obra *A Criação de Adão*, de Michelângelo Buonarotti.[130] Avanços nas ciências deram às

---

[128] Sócrates foi chamado por Werner Jaeger de "apóstolo da liberdade moral", por ter proclamado o "evangelho do domínio do homem sobre si próprio e da 'autarquia' da personalidade moral". JAEGER, Werner. **Paideia**: A Formação do Homem Grego. Trad. Artur M. Parreira. São Paulo: Martins Fontes, 2013, pp. 492, 509.

[129] MARQUES, 2011.

[130] Veja GILBERT, Creighton E. Michelangelo: Italian Artist. *In* **Britannica**, documento eletrônico, disponível em

pessoas maior compreensão de si mesmas e do universo. O questionamento das bases políticas da sociedade, incluindo o estatuto da igualdade e da liberdade dos cidadãos, foi apenas um passo a mais nesse processo de afirmação humanista.

No universo do Ocidente, a religião cristã "criou" a ideia todos os humanos são filhos do mesmo Deus. Uma análise mais aprofundada demonstra que isso não é bem assim na prática. Primeiramente, no mundo antigo, quando uma pessoa não pertence a determinada família, tribo ou povo, não é necessariamente considerada humana. Esse tipo de pensamento ainda existe. O estrangeiro é estranho, alienígena, e não tem o *status* de dignidade de direitos das pessoas da cidade. Além disso, quando uma pessoa não adora ao mesmo Deus que as outras, não é "filho" nem pertence a esse Deus. De nada adianta se declarar uma ideia que não corresponde à realidade da vida.

A ideia de igualdade só pode existir quando existe verdadeira tolerância, quando se considera que todas as pessoas têm uma natureza única, uma humanidade transcendente à aparência estética. De fato, essa maneira de se considerar o humano está na raiz de algumas religiões, mas mesmo essas religiões têm episódios de intolerância e de maus tratos a descrentes e a dissidentes.

O Direito Civil regula a igualdade das pessoas, pressupondo-a como condição básica das relações jurídicas entre elas. Assim, pressupõe a igualdade de forças em quaisquer conflitos civis, em quaisquer contratos, em quaisquer negociações celebradas entre as partes, mesmo que elas sejam radicalmente diferentes em sentido econômico. Assim, esclerosadamente, o Direito Civil imagina que um rico e um pobre possuam o mesmo grau de conhecimento sobre o objeto do negócio que celebram, que contam com os mesmos instrumentos para compreensão das informações pertinentes ao contrato, e possuam acesso aos mesmos instrumentos para resolução de conflitos, como advogados e consultores. Nada mais falso.

---

https://www.britannica.com/biography/Michelangelo. Acesso em 29 mai 2023.

O acesso ao conhecimento jurídico de qualidade não é ofertado gratuitamente. Antes, é pago, e normalmente é um serviço caro. Uma pessoa pobre não tem nem recursos para pagar o custo real da consultoria jurídica, e quanto mais de um processo civil, desde as primeiras instâncias até as últimas. Já falamos como as defensorias públicas, via de regra, se encontram precarizadas pelo excesso de demanda e pela escassez de profissionais. Daí que se conclui que pobres são realmente desassistidos em sentido de representação legal.

Além desses aspectos processuais, a ilusão da igualdade preconizada pelo Direito Civil é desmascarada ainda pela diferença na formação educacional das partes. Pessoas melhor educadas, que tiveram condições e tempo para estudar, tendem a ter acesso a trabalhos mais rentáveis. Pessoas com menos formação educacional tendem a ter empregos ou trabalhos que lhes permitem sobreviver, mas não sem dificuldades. E isso impacta decisivamente nas escolhas que serão tomadas no decorrer de suas vidas.

Visto que poucos programas educacionais dão ênfase ao conhecimento de Direito, a relação da maioria das pessoas com o conjunto de leis que regem suas vidas, que lhes determina direitos e deveres, é uma relação que se baseia no senso comum, que é cheio de falhas, como já vimos.

A igualdade perante a lei, para ser efetiva, precisa estar apoiada por outras formas de igualdade, tais que propiciem à pessoa capacidade para viver com saúde e dignidade. O acesso à educação é fundamental, especialmente o acesso à educação jurídica. As pessoas precisam saber quais são seus direitos, do mesmo modo como precisam conhecer seus deveres como cidadãos e seres humanos.

Quanto à liberdade, o Direito Civil, especialmente em regimes democráticos, dá ampla base de autonomia às pessoas. Por isso, sob tais regimes, todos se sentem à vontade para expressar suas opiniões, suas concordâncias e discordâncias, seus gostos e desgostos. Ainda assim, o que prevalece é o senso comum e uma boa medida de ignorância do estatuto legal da liberdade.

No mundo Ocidental, a ideia de liberdade e autonomia somente veio a ser protegida tardiamente, depois do Século XIII e mesmo assim, na prática, as pessoas continuavam a estar sujeitas a condições econômicas que lhes podavam qualquer autonomia. Na Inglaterra do Século XIII, onde foi publicada a *Magna Carta*, o primeiro documento ocidental que proclamou o direito à liberdade da pessoa perante o Rei, ninguém tinha dúvida que a expressão "homens livres" se referia aos Barões e nobres, mas não aos servos que constituíam sua propriedade. Do mesmo modo, quando se proclamaram os Direitos do Cidadão em 1776, nos Estados Unidos, ou na França, em 1789, multidões não tinham nenhuma liberdade real[131], visto que na maior parte das legislações, a liberdade política era vinculada à propriedade, e que as pessoas não tinham liberdade econômica simplesmente por serem, em sua maioria, miseráveis sem-terra ou propriedade.

Atualmente, liberdade é um bem tutelado pelo Direito, que estabelece a prerrogativa das pessoas de fazerem tudo o que não é proibido por Lei, bem como de serem obrigadas a fazer somente o que está definido em Lei. Contudo, a liberdade de uma pessoa é limitada pelas liberdades das outras pessoas. Assim, junto com a prerrogativa de liberdade, todas as pessoas também têm o ônus da responsabilidade, que se desdobra em aspectos civis e penais. Uma pessoa tem todo o direito a ter suas opiniões políticas, religiosas e morais, mas tem – igualmente – todo o dever de respeitar as opiniões políticas, religiosas e morais das outras pessoas. É neste ponto que a ignorância se manifesta: a pessoa considera que é livre para ofender quem dela divirja, quem dela discorde, ou pessoas que possuam atributos passíveis de troça.

O mais curioso é que a pessoa se considera justificada por seus atos, mesmo que eles constituam deboche, vexação ou mesmo calúnia. Invoca seus direitos de liberdade de expressão como se esses fossem um salvo-conduto para transformar o

---

131 HUBERMAN, Leo. **História da Riqueza do Homem**. Trad. Waltensir Dutra. Rio de Janeiro: Zahar, 1983.

outro em objeto de vilipêndio social, objeto de riso coletivo ou coadjuvante de comédias de mau-gosto. Definitivamente, a ideia de liberdade de expressão não dá a ninguém direito de ofender a outrem por alguma condição existencial, por alguma deficiência ou deformidade física.

A personalidade humana é um bem sagrado para o Direito. *Per-sona* se refere ao ser por trás da aparência física, o ser que existe no íntimo de cada um. A personalidade é protegida desde antes do nascimento, durante a vida toda, e após a morte, contra toda espécie de vilipêndio. Caso alguém ofenda a outrem, seja quem for, deve responder civil e penalmente, quando tiver agredido a honra, os valores, a integridade e a honestidade dessa pessoa.

Há um certo perigo em se cercear esses discursos de ódio, tão comum nesses tempos de recrudescimento da intolerância. Tais falas, que lançam calúnias, injúrias e difamações – ações que, de fato, constituem crime – sobre pessoas que discordam das ideias por ele defendidas, com certeza precisam ser combatido e severamente punidos, quando cabível, por ações penais efetivas. O silenciamento dessas falas, contudo, não é necessariamente a melhor alternativa, pois representa o fim da liberdade de expressão, outro bem protegido pelo Direito. Discurso de ódio não se combate com mordaça, mas com convencimento, diálogo e palavras.

A hipertrofia das redes sociais, especialmente nos anos 2010 em diante, foi o ambiente perfeito para a disseminação de todo tipo de discurso de ódio, teorias de conspiração e notícias falsas. Como resultado direto dessa hipertrofia, surgiram agências de informação especializadas em elucidação de boatos e desvelamento de notícias falsas. O trabalho que realizam é excelente, mas há pouca eficácia junto às pessoas que efetivamente promovem o discurso de ódio, as teorias de conspiração e as notícias falsas. Quem propaga boatos e *fake news* não está interessado em se aquilo que divulga é fato ou boato. Preocupa-se apenas em reafirmar suas ideias para si próprio e para suas bolhas sociais, difamar seus desafetos e disseminar suas crenças equivocadas. Afinal, a veracidade do que divulga só é contestada pelos inimigos de suas ideias.

O Direito não protege a liberdade de caluniar, injuriar e difamar outras pessoas, nem isenta de responsabilidade civil aqueles que divulgam notícias e teorias falsas (ainda que revestidas de aparente racionalidade). Pelo contrário, as leis estabelecem sanções penais para tais condutas, assim como estabelece o dever de assunção de responsabilidade civil, ou seja, de reparar danos e indenizar prejuízos, àqueles que promovem o engano e induzem outros a erros.

A prosperidade da ignorância, especialmente em círculos virtuais fechados, é um fenômeno real, e seu declínio definitivamente não se encontra à vista no horizonte. Pelo contrário, à medida que se radicalizam as ideologias de direita e esquerda, nada de bom se pode esperar das pessoas, que se veem justificadas para abusar de suas liberdades e ofender seus inimigos ideológicos.

Crime e Castigo

Crime é uma criação do próprio Direito. A Lei define quais condutas constituem um crime, e qual a sanção sobre aquela conduta. Em todas as sociedades ocorrem atos social ou individualmente danosos, e essas sociedades tentam, de um modo ou de outro, prevenir e punir as pessoas que cometem tais atos. Isso é um fenômeno tão antigo quanto a própria humanidade.

As primeiras legislações codificadas, que apenas trouxeram às estelas de pedra ou tábuas de argila o texto de costumes imemoriais, estabeleceram positivamente as normas de conduta passíveis de sanção e dosaram as penas cabíveis a cada ato que consideraram crime.[132]

O fenômeno da sanção, ato de se atribuir uma consequência a uma conduta ativa ou omissiva, não se restringe ao Direito Penal. As primeiras penas foram definidas não só no âmbito da vida social, mas também da religião. Nas sociedades primitivas a violação de costumes tradicionais implicava na violação de regras da religião nativa, frequentemente instituídas há muito pelos "fundadores" dessas

---

[132] COULANGES, 2001. NASCIMENTO, Walter Vieira do. **Lições de História do Direito**. 10. ed. Rio de Janeiro: Forense, 1998. ALTAVILLA, Jayme de. **Origem dos Direitos dos Povos**. 3. ed. São Paulo: Melhoramentos, 1963.

sociedades.[133] A sanção, naquelas condições, tinha um caráter de restauração do equilíbrio entre a relação da comunidade e a divindade, bem como um caráter de retribuição material pelo ato cometido. Se a pessoa deixasse de oferecer o sacrifício do modo correto, com a oferenda ou as palavras erradas, deveria suportar em si a ira divina. Do contrário, a ira do Deus poderia recair sobre a comunidade inteira. Do mesmo modo, para que o sangue derramado ou a propriedade furtada (ou roubada) não se tornasse motivo da ira da divindade contra a comunidade inteira, a pessoa que cometeu o ato contrário à norma deveria sofrer uma sanção correspondente ao crime. Caso tenha matado alguém da comunidade, deveria pagar com a sua vida, ou com a vida de algum dos membros de sua família; caso tenha furtado ou roubado algo, deveria devolver a coisa ou algo correspondente, ou mesmo perder um membro de seu corpo. Cito esses exemplos para demonstrar que a pena tinha uma "lógica" própria, que visava o apaziguamento da ira da divindade ou o reequilíbrio com as forças da natureza.

Com o evoluir das sociedades, a pena foi perdendo esse caráter sobrenatural e se fundamentando em ideais mais terrenos. A ideia de prevenção social passou a ter mais relevo, por se conceber o medo da punição como um fator de dissuasão do cometimento de crimes.

Outra ideia que passou a ter mais destaque, especialmente na Europa, depois da adoção de ideias cristãs no governo, foi a de recuperação da pessoa que comete o ato criminoso. Tanto que o enclausuramento de pessoas em pequenas celas individuais, e sua incomunicabilidade com o restante da comunidade, para "arrependimento" de coração, era prática adotada nos antigos mosteiros, e serviu de inspiração para as penas de detenção, hoje adotadas majoritariamente no mundo.

A história do Direito Penal é profundamente rica em detalhes, assim como a história das penas utilizadas para punir as pessoas. Tendemos a pensar que as penas no mundo antigo eram mais severas do que as que eram adotadas no mundo "civilizado". Não é bem assim. Penas sempre foram

---

[133] MALINOWSKI, 2001.

cruéis, e continuaram sendo, mesmo depois do advento da civilização. A diferença reside mais na organização desses castigos, em sua definição legal, do que na forma em que esses castigos se davam.

A história dos castigos inventados para os delitos é a história de um equívoco: o de que o excesso da pena é capaz de impedir a ocorrência do delito. Efetivamente, nunca impediu, e nunca impedirá. As pessoas sempre violaram normas sociais, e podemos supor que sempre violarão, de um modo ou de outro.

As penas corporais sempre envolveram algum tipo de dor, sofrimento ou privação ao corpo humano. Considerava-se que uma morte rápida seria expressão de um castigo misericordioso. Com o tempo, formas refinadas de tortura foram desenvolvidas para causar dor, mas não a morte imediata. A inquisição católica e protestante, as muitas campanhas de caças a bruxas ou a judeus foram especialmente criativas nessa esfera. O objetivo da tortura não era matar, mas extrair confissões e conversões. E as chamas das fogueiras representavam apenas uma antecipação das labaredas do Inferno.

Franz Kafka (1883-1924), escritor tcheco do Século XIX, criou uma obra chamada "Na Colônia Penal"[134], em que descreve a visita de um explorador a uma instituição penal. O autor faz uma crítica ao sistema penal convencional, em que o processo e a execução da pena são feitos como fins em si mesmos, enquanto a pessoa do acusado ou condenado é colocada como de pouca importância. Na obra, o explorador visitante se assusta com a naturalidade com que se submete um condenado à tortura, em resultado de condenação burocrática, sem mesmo que ele soubesse o motivo. Colocado em uma máquina operada por um devoto oficial, o condenado teria suas carnes perfuradas e retalhadas por uma prancha com agulhas, que lhe inscreveriam o texto da norma que infringiu. O procedimento demoraria doze horas. A máquina é

---

[134] KAFKA, Franz. Na Colônia Penal *In* **Essencial Franz Kafka.** São Paulo: Penguin/Cia. das Letras, 2011.

apresentada como reflexo do progresso da indústria, da eficiência da sociedade burocrática e da inexorabilidade do processo penal.

O processo de humanização das penas começou por volta do Século XVIII, e teve como grande expoente um marquês italiano, Cesare Beccaria (1738-1794)[135], cuja obra mais famosa, "Dos Delitos e das Penas"[136], representa uma denúncia contundente contra a inutilidade e crueldade das penas corporais, que se transformaram em espetáculos públicos da violência do Estado. Inspirado pelo humanismo iluminista, ele se posicionou radicalmente contra as formas de tortura e punições cruéis, inclusive contra a pena de morte. Reconhecendo a vulnerabilidade do sistema penal à corrupção e ao favoritismo, existente nas instituições humanas, confiava ao poder da lei, ao invés do peso das punições deixadas ao capricho de magistrados e oficiais, a capacidade de propiciar aos homens justiça, segurança e paz. Beccaria declarou que "o modo mais correto de prender os homens em sua pátria é fazer com que aumente o bem-estar de cada cidadão".[137]

Com tempo, especialmente no mundo Ocidental, as penas deixaram de ser espetáculos públicos e passaram a ter lugar em prisões fechadas, ocultas ao olhar externo. Inspiradas no panóptico[138] de Jeremy Bentham (1748-1832), as penitenciárias passaram a ser o principal instrumento de

---

[135] ALLEN, Francis A. Cesare Beccaria – Italian criminologist. *In* **Britannica**. Documento eletrônico, disponível em https://www.britannica.com/biography/Cesare-Beccaria. Acesso em 03 abr 2023.

[136] BECCARIA, Cesare. **Dos Delitos e das Penas**. Trad. Torrieri Guimarães. São Paulo: Martin Claret, 2001.

[137] *Op. cit.* , pp. 88-9.

[138] O panoptico é um conceito que envolve um prédio, frequentemente circular, em que os presos são – ou se imaginam – constantemente vigiados por um corpo de guarda, posicionado ao centro dessa construção. Não há vida íntima, mas vigilância constante, controle total. O indivíduo se torna um objeto de controle integral. Veja-se FOUCAULT, Michel. **Vigilar y Castigar**: Nacimiento de La Prisión. Buenos Aires, Argentina; Ciudad del México, México: Siglo Veintiuno Editores Argentina S. A. , 2003.

punição dos crimes, local de cumprimento de sentenças de privação de liberdade.[139]

Numa obra que marcou a história da evolução dos Direitos Humanos, Norberto Bobbio, um dos mais importantes juristas do Século XX, na obra "A Era dos Direitos"[140], demonstrou o equívoco representado pela pena de morte. O risco de erro judiciário, não somente causado pela iniquidade do magistrado, mas pela própria falibilidade do processo penal, das provas, das testemunhas e de todos os agentes envolvidos, representa uma razão muito mais relevante do que a própria necessidade de punir uma pessoa com a morte. Afirmou o mestre italiano que "a execução da pena de morte torna irremediável o erro judiciário", e que "é melhor que se salve um criminoso do que deixar morrer um inocente".[141] O assassinato de um inocente, equivocadamente acusado de um crime e condenado à morte, é um erro que a humanidade não pode mais se permitir.

Os estudos mais recentes na área de Criminologia[142] tentam encontrar em penas alternativas caminhos melhores de recuperação social das pessoas que cometem delitos ou que se enveredam em carreiras criminosas. Há de se distinguirem as pessoas conforme sua capacidade ou vontade de integrar à sociedade, pois aquelas em carreiras delitivas demandam mais

---

[139] Além da prisão, adotam-se também outras penas: perdas de direitos, sejam políticos ou patrimoniais; proibição de frequentar certos lugares; limitações de horário para trânsito; entre outros. A pena de morte ainda existe, em casos específicos, em 89 países. No Brasil, em caso de guerra. (DADOSMUNDIAIS.COM. **Estes países têm a pena de morte**. Documento eletrônico, disponível em https://www.dadosmundiais.com/pena-de-morte.php. Acesso em 06 jul 2023.)

[140] BOBBIO, Norberto. **A Era dos Direitos**. Trad. Carlos Nelson Coutinho. Rio de Janeiro: Campos, 1992.

[141] BOBBIO, 1992, p. 197.

[142] HULSMAN, Louk e CELIS, Jacqueline Bernat de. **Penas Perdidas**: O Sistema Penal em Questão. 2. ed. Trad. Maria Lúcia Karam. Niterói: Luam, 1997. ZAFFARONI, Eugênio Raúl. **Em Busca das Penas Perdidas**: A perda de legitimidade do sistema penal. Trad. Vânia Romano Pedrosa e Amir Lopes da Conceição. Rio de Janeiro: Revan, 1991. WACQUANT, Loïc. **As Prisões da Miséria**. Trad. André Telles. Rio de Janeiro: Jorge Zahar Ed. , 2001. FOUCAULT, *op. cit.*

tempo e esforço para se desvincularem de organizações criminosas.[143]

Esses estudos demonstram que o mero encarceramento não produz reintegração social, mas resultam em estigmas que não se apagam, e dificultam – e por vezes impedem – a recuperação da pessoa. Para ser eficiente, o processo requer não somente a punição, mas educação, oportunidades de trabalho, adoção de novos valores, o que envolve toda uma ressignificação da existência da pessoa que ingressa no sistema penal.

A cadeia convencional, a penitenciária, se tornou uma "faculdade do crime"[144], onde pessoas que cometem delitos eventuais são obrigadas, por força de circunstâncias, a se enraizarem nas práticas do mundo do crime. O objetivo dessas instituições totais não é a recuperação das pessoas, mas (1) a exclusão dos "indesejáveis" da vida social, e (2) a conformação dos internos pela violência em todas as suas formas, desde as mais sutis até aquelas mais terríveis, consideradas as torturas ilegais que se praticam nos cárceres pelos próprios agentes responsáveis pelo controle das populações enjauladas.[145]

Além disso, especialmente em países ocidentais, há uma evidente predominância de pessoas encarceradas de etnias não-brancas, comparada à população geral desses países. No Brasil, a proporção de negros e pardos na população carcerária é maior que a proporção entre a população geral.[146] O mesmo ocorre nos Estados Unidos da América, porém com maior disparidade ainda.[147] Embora o fator étnico seja relevante,

---

[143] GARCÍA-PABLOS DE MOLINA, Antonio. **Criminologia.** Trad. Luiz Flávio Gomes. 5. ed. São Paulo: Revista dos Tribunais, 2006.

[144] RAMALHO, José Ricardo. **Mundo do Crime**: A Ordem Pelo Avesso. 2. ed. Rio de Janeiro: Graal, 1983.

[145] GOFFMAN, Erving. **Manicômios, Prisões e Conventos**. Trad. Dante Moreira. São Paulo: Perspectiva, 1974.

[146] CONSELHO NACIONAL DE JUSTIÇA. **O encarceramento tem cor, diz especialista**. Documento eletrônico, disponível em https://www.cnj.jus.br/o-encarceramento-tem-cor-diz-especialista/. Acesso em 07 jul 2023.

[147] NATIONAL ASSOCIATION FOR THE ADVANCEMENT OF COLORED PEOPLE – NAACP. **Criminal Justice Fact Sheet**. Documento eletrônico, disponível em https://naacp.org/resources/criminal-justice-fact-sheet. Acesso

acredito que, acima de tudo, o encarceramento (ou a segregação) ocorra pelo fator econômico e educacional. Pessoas pobres e com pouca (ou nenhuma) educação formal são as presenças mais frequentes em cadeias.

Grande parte dessa população chegou ao cárcere por seu envolvimento com drogas ou com sua comercialização. A prática de descriminalização adotada em diversos países tem tido resultados positivos, mas ainda poucos Estados consideram efetivamente o uso de drogas como problema de saúde.[148] Tratam disso como questão penal, e os resultados são socialmente catastróficos. Muitos são obrigados a reconhecer que as drogas têm sido vitoriosas na guerra institucionalizada contra as drogas, apesar da utilização da força policial e institucional dos Estados para combate-las.

Apesar de atualmente haver maior consciência das mazelas do sistema penitenciário e de sua ineficiência como instância de prevenção da ocorrência de crimes na sociedade, ainda muitas pessoas acreditam que a cadeia e o incremento da duração das penas sejam suficientes para coibir crimes. Acham que crime se combate com violência policial e penal, e que não há necessidade de abordagem educativa, corretiva. O senso comum é de que a punição é suficiente, e quanto mais severa, melhor.

No pensamento conservador, essa abordagem é adotada para todo o tipo de crime e para quase[149] todo tipo de agente: a pessoa que comete crimes – eventual ou continuadamente – deve ser punida com plena severidade. Criminosos sexuais devem ser entregues a outros presos para serem violentados.

---

em 07 jul 2023.

[148] United Nations Programme on HIV/AIDS - UNAIDS. **Update: Decriminalization works, but too few countries are taking the bold step.** Documento eletrônico, disponível em https://www.unaids.org/en/resources/presscentre/featurestories/2020/march/20200303_drugs. Acesso em 03 abr 2023.

[149] O conservador pensa assim até que um membro de sua família cometa um delito. Nesse caso, que as coisas deveriam ser diferentes. Afinal, os seus são "boas pessoas". O problema é que "boas pessoas" podem cometer crimes.

Usuários de drogas e traficantes devem ser tratados do mesmo modo, posto que fomentam o comércio de drogas. Homicidas merecem pena de morte. E cada cidadão deve se armar e aprender a se defender, pois o Estado não consegue defender efetivamente as pessoas. Esse é o imaginário conservador.

Direitos existem para proteção da sociedade como um todo. Um dos pressupostos de um Estado Democrático de Direito é a universalidade da norma jurídica, ou seja, todos devem se submeter a ela, seja gozando as benesses dos direitos ou arcando com as sanções que a norma jurídica impõe a quem cometer delitos. Por isso, os direitos processuais, de ampla defesa e contraditório (ou possibilidade de contradizer em juízo os acusadores) são direitos inalienáveis num regime democrático. Da mesma maneira, é direito de todo cidadão contar com um sistema punitivo e penitenciário capaz de garantir sua segurança, sua recuperação e sua ressocialização, através de acesso à educação e ao trabalho.

O retorno à autocracia que já consideramos, conforme proposto pela onda conservadora, traz consigo o recrudescimento das leis penais e das punições atreladas aos delitos. Mais tempo de cadeia para os crimes, prisões mais severas para os condenados, menos tolerância para quem discorda dos valores conservadores. Afinal, é preciso retirar da sociedade sua parte podre, os membros que fazem mal aos outros.

O problema é que historicamente, verificamos que o problema do crime, sobretudo do crime eventual, não se soluciona com cadeia ou punições corporais. O crime é um evento pontual na vida de uma pessoa que não tem carreira criminosa. Ainda que seja adequada a imposição de alguma medida de recomposição, algum tipo de sanção, pelo delito cometido, a sanção não pode ser tal que agrave ainda mais a situação da pessoa, fazendo com que ela seja ainda mais enterrada no solo da vida delitiva.

Quanto ao que adota a prática de crimes como carreira, essa pessoa pode mudar sua conduta social, mas precisa de suporte prático para (1) se desvencilhar do grupo de que participa, (2) encontrar um modo de sustento legal e (3) encontrar valores que lhe impeçam de voltar à carreira delitiva.

O chamado conservadorismo penal visa unicamente a retirada de membros indesejáveis da sociedade da vista dos olhos das pessoas "boas". Encarcerem-se os negros, os estrangeiros, os miseráveis, e coloquem-nos sob a tutela do Estado, que agora inventou as prisões privadas para gerenciar a exclusão.

A prisão não serve somente para punir, assim como a própria lei penal. Ambas são parte de algo maior. A prisão segrega os "indesejáveis" da sociedade, ao passo que a lei penal pune alguns tipos de delitos e isenta de punição (ou facilita a impunidade) de outros tipos. Vou me explicar melhor: ao ser acusado de algum delito, qualquer pessoa – em tese – deve poder se defender em juízo, com assistência de um especialista em leis, um advogado. O problema é que a pessoa pobre não consegue pagar os elevados custos de uma boa representação legal. Ainda que o Estado se proponha a oferecer essa representação, através das defensorias públicas, esses profissionais se encontram tão sobrecarregados, tão oprimidos pelo volume da demanda, que o serviço oferecido sofre, ou pela qualidade, ou pela indisponibilidade, pois a quantidade de pessoas que não possuem meios financeiros de arcar com os custos da defesa é enorme. Assim, o Sistema Penal, entendido como o conjunto de instituições que atuam no processo penal – Poder Executivo, magistratura, agentes de acusação (ministério público) e de defesa (advocacia); agentes penais – facilita a defesa das pessoas que podem pagar, enquanto dificulta a das pessoas que não podem pagar sem sacrifício de sua subsistência ou de suas famílias.

A postergação das condenações através de sucessivos recursos judiciais a Tribunais superiores é ainda outro elemento que evidencia esse aspecto segregador do Sistema Penal. As cortes judiciárias se organizam em instâncias: as originárias, competentes para julgamentos; e as recursais, competentes para análise desses julgamentos. Para se defender num juízo originário, a pessoa paga caro, e a defesa em tribunais recursais é ainda mais cara. Contudo, quem pode pagar por esses serviços e consegue a postergação do processo alcança, com frequência, a prescrição da pena, ou seja, a extinção da possibilidade de punição. Essa postergação pode acarretar ainda o adiamento da punição, de modo que o réu só venha a cumprir a pena depois de velho, o que lhe trará benefícios como a prisão domiciliar ou a própria isenção da pena. Enquanto isso, pessoas que não têm recursos para pagar pela representação são obrigadas a cumprir suas penas em cadeias.

Um sistema que promove e preserva a desigualdade social, em benefício da liberdade de um grupo economicamente privilegiado, fomenta a revolta social que alimenta as próprias organizações criminosas. No Brasil, essas organizações se iniciaram nos anos 1970, no próprio ambiente penitenciário, em que presos comuns, colocados junto com presos políticos, familiarizaram-se com a dinâmica da luta de classes das sociedades e com princípios de organização para enfrentamento dessa luta. (Na verdade, ouso dizer que toda organização criminosa é também uma organização política, visto que representa uma forma de reação contra o poder estabelecido, o Estado, detentor do poder militar e institucional.) Isso não significa que essas organizações assumiram um efetivo papel social em consciência de conceitos marxistas, como alienação ou luta de classes, mas que aprenderam a se organizar para atingirem seus objetivos, fossem quais fossem.

Recrudescer o sistema penal não é solução para o problema do crime na sociedade. A prevenção do crime começa na economia, na desconcentração de renda, na disponibilidade de postos de trabalho. Começa também na educação de qualidade, apta a formar pessoas conscientes e críticas do mundo e de suas relações. Começa na qualidade de vida das famílias, que podem se tornar a melhor proteção contra toda forma de influência nociva presente na sociedade. Mas para que a educação seja efetiva, é necessário superar algumas ideias muito enraizadas nas sociedades.

A primeira dessas ideias é a noção milenar cristalizada no mote "olho por olho, dente por dente". O raciocínio é simples: o mal que se faz se retribui da mesma forma, e se baseia no que a Ciência do Direito chama de Princípio Retributivo. O objetivo é igualmente simples: a recomposição do estado das coisas anteriormente à lesão causada pelo agente. Simples, mas ingênuo, profundamente ingênuo.

A ingenuidade do Princípio Retributivo reside na presunção de que seja possível restaurar as coisas ao estado anterior. Em questões patrimoniais, talvez seja possível devolver à pessoa lesada o valor do que foi perdido ou danificado, mas o valor de uma vida perdida não se recompõe. Se uma pessoa me lesionar, cegando-me ou causando-me a perda de uma perna ou um braço, de nada adiantará eu receber seu globo ocular, sua perna ou seu braço para colocar no lugar do que que eu perdi.

Na origem do princípio retributivo se encontra, novamente, a religião, que considerava um dano causado a um adorador ou a uma propriedade do Deus como um débito a ser saldado. Como os pecados do judeu que tinham de ser "limpos" ou expiados pelo derramamento de sangue de um touro, um cordeiro, duas pombas ou duas rolinhas.[150] Na vida prática, o derramamento de sangue, seja do agente ou de um substituto, não resulta em nada para a vítima de uma lesão corporal ou de um homicídio.

Outra noção que precisa ser superada é a ideia de que a pena aplicada sobre quem comete crime seja uma forma de vingança social contra o agente. Quem se vinga, ou quem deseja vingança, é a vítima, seus parentes ou amigos, mas não a sociedade. Num regime democrático, a instituição Poder Judiciário tem a função de garantir que as penas não sejam desmedidamente severas, pois a evolução histórica da sociedade já demonstrou a crueldade e a iniquidade de penas severas demais. Penas capitais e cruéis, castigos perpétuos são (ou devem ser) coisas do passado, registradas na história como avisos para nós e para as gerações futuras contra os perversos efeitos dessas medidas.

---

[150] Veja-se o livro bíblico de Levítico.

Embora a sentença seja uma forma de punição, ela não tem equivalência com a vingança. Tome-se o exemplo de um homicídio: se uma pessoa mata o pai da outra, deve pagar pelo crime de que maneira? Seu pai deve ser assassinado pela pessoa orfanada, embora o pai do homicida não tenha qualquer relação com o crime? Ou o homicida deve cumprir as medidas que a lei determinar? Vingança não pune crimes.

Ainda uma terceira concepção que não pode ser tomada como finalidade única da pena é a prevenção social. O mote dessa ideia é "aumentemos a pena para prevenirmos o crime". Se penas cruéis prevenissem crimes, não teriam ocorrido violações legais em sociedades que puniam com a morte, a chibata ou com torturas as pessoas que cometiam crimes. A dosimetria da pena, como se chama a definição da medida de tempo em que será cumprida a determinação legal que é aplicada como punição, deve guardar correspondência com o valor atribuído pelo legislador ao bem lesado.[151]

Existe, de fato, uma função social de prevenção penal, mas essa função é limitada. Nem sempre isso funciona efetivamente, especialmente quando se tem a percepção – real ou imaginária – de impunidade no cometimento de crimes. Por uma série de fatores, os chamados "crimes de colarinho branco", cometidos por pessoas com poder político ou econômico, são mais difíceis de serem julgados e punidos. Numa sociedade em que predomina esse tipo de situação, as pessoas tendem a pensar que crimes não são punidos, e se dispõem mais facilmente a violarem normas legais. Atos de corrupção política, desvios de verbas públicas, crimes cometidos por pessoas que possuem formação educacional, são exatamente os atos que deveriam ser mais rápida e

---

[151] Como exemplo desse fenômeno, tomemos o homicídio simples e o roubo seguido de morte: o que agrava a pena do roubo seguido de morte é exatamente a vileza do motivo pelo qual alguém é morto, ou seja, a tomada de seus bens. (Leiam-se os artigos 121 e 157, §3º, inciso II, do Código Penal brasileiro. BRASIL. **Decreto-Lei Nº 2.848, de 7 de Dezembro de 1940 – Código Penal**. Documento eletrônico, disponível em https://www.planalto.gov.br/ccivil_03/decreto-lei/del2848compilado.htm. Acesso em 21 fev 2024.)

efetivamente sancionados, pois são socialmente mais danosos. A publicidade que se dá à impunidade de crimes dessa natureza, com esse tipo de agente, é o que mais fomenta a prática de ilícitos na sociedade.

A verdadeira prevenção penal decorre da aplicação efetiva de sanções a todos os crimes, especialmente aqueles cujo cometimento requer poder político ou econômico por parte do agente.

As penas atribuídas a pessoas que cometem crimes são, atualmente, restrição de liberdade ou prisão; sanções políticas, patrimoniais e algumas mais específicas, como a vedação de frequentar certos ambientes. O problema – que já consideramos – é que as prisões, do modo como são estruturadas tradicionalmente, não são ambientes propícios à reabilitação social das pessoas. Prisões são centros de ócio e violência que tornam altamente improvável a "recuperação" de uma pessoa que venha a estar sob sua guarda.

Um expoente da corrente que almeja o recrudescimento das penas e o incremento da violência das prisões é o atual Presidente de São Salvador, pequeno país caribenho que adotou medidas extremas para controle das organizações criminosas que dominavam o país. Esse novo ícone do poder criou instituições penais para encarceramento de qualquer pessoa com indícios de participação em crimes, e estabeleceu a obrigatoriedade de ausência de condições de conforto mínimo e de alimentação básica, e autorizou amplamente o uso de violência física contra os presos. Curiosamente, não obstante algumas vozes de protesto, quase a totalidade da população aprova a conduta do Governo, sem se dar conta dos riscos a que se submete. Mais cedo ou mais tarde, isso ocorrerá.

Esses riscos são os mesmos que já vimos em toda a história: violência excessiva, torturas, encarceramento de inocentes, utilização do braço penal para silenciamento de inimigos políticos, e tantos outros dos quais os livros de história nos contam em detalhes. Confiar na virtude do Estado é alimentar uma fera com as próprias carnes.

Mas que iniciativas têm tido êxito no processo de recuperação de pessoas que ingressam no sistema penal? No Brasil, algumas penas podem ser cumpridas em instituições auto-administradas, constituídas como entidades civis, de administração privada, conhecidas como Associações de Proteção e Assistência a Condenados (APACs).[152] Essa metodologia dá ênfase na humanidade, autonomia e responsabilidade dos próprios presos que, com a ajuda da comunidade no meio da qual vivem, progressivamente são ajudados a se inserirem na sociedade como membros colaborativos. Atitudes simples, tais como não se atribuírem números aos presos, oferecer assistência jurídica efetiva, propiciar e incentivar a participação da família na Associação, são fundamentais para que a pessoa condenada crie o seu caminho de recuperação e autonomia, livre de envolvimento com ilícitos.

De fato, o abandono da prática do crime é provavelmente o passo mais difícil para pessoas que se enveredam por tais carreiras.[153] É uma atividade de que a pessoa não se desvencilha com facilidade, como se apresentasse uma carta de demissão a um empregador. A pessoa constrói vínculos duradouros de lealdade, e quando ameaça abandonar a "profissão", essa lealdade cobra seu preço. Por vezes, a pessoa paga com a vida de familiares ou com sua própria.

A resistência contra a implantação de prisões mais humanas nasce do próprio medo que as pessoas cultivam. Entende-se a condenação (ou, por vezes, o próprio indiciamento) por um crime como um grande rótulo social de alerta: "Cuidado: pessoa nociva". E esse rótulo só piora com o cumprir da pena e as medidas de restrição que são impostas depois do cumprimento da sentença. Da pessoa são requeridas certidões que atestarão somente a "sujeira" de sua vida, e isso lhe impedirá de obter trabalho. A sociedade lava suas mãos e dá

---

[152] ÂNGELO, Durval. **APAC: A Face Humana da Prisão.** Belo Horizonte: O Lutador, 2016.
[153] GARCÍA-PABLOS DE MOLINA, 2006.

de ombros, dizendo que foi escolha da pessoa, e que ela simplesmente paga o crime que cometeu.

Especialmente para pessoas que não se envolvem em carreiras criminosas, o crime é um momento, um instante de más escolhas na vida, pensadas ou impensadas, mas somente um momento. Por uma necessidade de responsabilidade, ela deve arcar com as consequências daquilo, mas não se pode substituir uma pena cruel de tortura, flagelamento ou morte por outra pena cruel de rotulação perpétua.

A pena criminal deve ser real, mas seu propósito maior deve ser cura. Quanto sofrimento se poderia evitar se as penas fossem definidas com essa meta! Estudos sérios[154] demonstram que a efetividade na prevenção de crimes e reinserção de pessoas na vida social é alcançada por iniciativas que vão muito além do encerrar pessoas atrás de grades, cortar seus os cabelos, atribuir-lhes um número e vestir-lhes com um uniforme de cor laranja, vermelha, ou listrada. As seguintes medidas socioeconômicas são sabidamente eficientes em atenuar ou eliminar condições que são consideradas criminógenas:

1. Investimento em programas de educação: A falta de educação formal está correlacionada com taxas mais altas de criminalidade. Investimentos em educação de qualidade, desde a infância até a idade adulta, têm o potencial de fornecer habilidades e oportunidades que

---

[154] É uma biblioteca vastíssima, que colhe experiências de diversos países e ações. Um exemplo é a própria experiência das APACs, já implementadas em diversos Estados brasileiros, cf. ÂNGELO, *op. cit.* BECKER, Howard S. **Ousiders: Studies in The Sociology of Deviance.** New York: The Free Press of Glencoe, 1963. LOCHNER, Lance e MORETTI, Enrico. "The Effect of Education on Crime: Evidence from Prison Inmates, Arrests, and Self-Reports." *In* **The American Economic Review**. Vol. 94, No. 1 (Mar./2004), pp. 155-189. Documento eletrônico, disponível em https://www.jstor.org/stable/3592774. Acesso em 24 mai 2023. REYNOLDS, Arthur J. ,CHAN, Heesuk, TEMPLE, Judy A. "Early Childhood Intervention and Juvenile Delinquency." *In* **Evaluation Review**, Vol. 22(3), pp. 341-372, Junho/2021. Documento eletrônico, disponível em https://journals.sagepub.com/doi/10.1177/0193841X9802200302. Acesso em 24 mai 2023.

reduzem as chances de envolvimento em atividades criminosas.

2. Intervenção na primeira infância: Intervenções precoces na primeira infância, como visitas domiciliares, programas de desenvolvimento parental e infantil, acesso a serviços de saúde, podem melhorar o desenvolvimento cognitivo, emocional e social das crianças. Essas intervenções têm sido associadas a uma redução da delinquência juvenil e criminalidade na idade adulta.

3. Melhoria de condições socioeconômicas: A desigualdade socioeconômica é sabidamente um fator que contribui para a criminalidade, sobretudo quando as famílias possuem carência de alimentação, saúde, moradia e necessidades básicas. A melhoria das condições socioeconômicas, por meio de políticas como acesso a empregos estáveis, habitação adequada, programas de assistência social e redução da pobreza, pode reduzir os incentivos para o envolvimento em atividades criminosas.

4. Tratamento de saúde mental e dependência química para pessoas que sofrem com tais condições. Essas pessoas, por sua condição, são propensas ao cometimento de ilícitos. A prestação de serviços de saúde mental adequados, tratamento para dependência química e programas de reabilitação têm sido associados à redução da criminalidade, ajudando-as a lidar com suas questões subjacentes.

5. Programas de reintegração e reinserção social: Programas que visam a reintegração de ex-detentos à sociedade, por meio de treinamento profissional, apoio na busca de emprego, moradia estável e apoio psicossocial, podem reduzir significativamente as taxas de reincidência criminal.

A par de medidas assistenciais, também é necessária uma nova forma de considerar a legislação penal sob o aspecto da "profissionalidade" da pessoa em relação aos ilícitos penais. Não é possível, ainda que sob a bandeira da igualdade de todos perante a Lei, dar tratamento igual a pessoas com histórias de vida inteiramente diferentes sob esse aspecto. Não se pode considerar o crime sob uma ótica abstrata, esquizofrênica, como se o ato se separasse do agente e de seus motivos. Profissionais do crime devem ser punidos de forma distinta de pessoas comuns. Ainda que a lei trate crimes de modo abstrato, o que se julga é a ação da pessoa. Essa pessoa traz consigo uma história de vida que não pode ser deixada de fora no momento do julgamento. Para que seja feita justiça, entendida como adequação da sentença ao fato e à lei, a história de vida da pessoa deve ser levada em conta.[155]

Assim, tendo em vista tantas mazelas[156] no Sistema Penal, por que ele se mantém como é, estruturado em penitenciárias administradas pelos novos carrascos, num sistema de imputação e rotulação que dificulta o abandono da prática de crimes, que é sabidamente ineficiente em ressocializar pessoas? Não seria o mesmo fenômeno que percebemos em outros campos, o da conveniente perpetuação da ignorância nas esferas de poder? Se compararmos a solução penal atual a um remédio contra um mal, o que leva o médico a receitar um medicamento ineficaz que sabidamente não cura e possui tantos efeitos colaterais que causa a morte prematura do paciente? Teimosia? Talvez. Mas ignorância, com certeza.

O discurso de defesa do sistema penal se baseia naquilo que já consideramos: o medo de quebra da segurança pública, a presunção de controle do criminoso, de retribuição pelo mal causado à sociedade, e do efeito de dissuasão para os outros. Mas nada disso, submetido a um escrutínio maior, se mostra sólido.

O medo é alimentado pela imprensa sensacionalista, e não pode ser usado como indicador efetivo de segurança da sociedade. As estatísticas de ocorrências policiais também possuem uma cifra obscura, visto que nem todos os crimes

---

[155] HERKENHOFF, João Batista. **Uma Porta Para o Homem no Direito Criminal.** 4. ed. Rio de Janeiro: Forense, 2001.

[156] CARNELUTTI, Francesco. **As Misérias do Processo Penal.** Trad. José Antônio Cardinalli. São Paulo: Conan, 1995.

cometidos são reportados. Assim, nem medo, nem estatísticas incompletas de crimes podem ser guias seguros para diagnóstico da segurança pública.

Do mesmo modo, já consideramos como a ideia de retribuição não produz justiça real, pois os bens em jogo não guardam correspondência entre si: vida não tem preço. Não há como uma pena de privação de liberdade retribuir efetivamente a perda de uma vida ou uma lesão grave. O objetivo da sanção penal é outro.

Também não é esse objetivo exclusivamente a dissuasão social, pois quem comete um crime não raciocina dessa maneira. Dissuasão é fomentada pela certa e efetiva aplicação da lei a todas as pessoas que cometem crimes, e se alguma parcela desses agentes consegue se safar por deterem poder econômico ou político, todo o sentido de dissuasão penal é sabotado por causa disso.

As pessoas que querem a manutenção do sistema penal, do modo como ele é atualmente, voluntariamente se esquivam da realidade desse sistema. Ele é uma fábrica de novos agentes do crime. Somente por esquivarem seus olhares dessa realidade pessoas se dispõem a insistir no encarceramento em massa da pobreza e do abandono.[157]

---

[157] É importante lembrar que o encarceramento em massa dessas populações não implica, de fato, na redução da criminalidade e de suas atividades, mas na sofisticação das estratégias adotadas pelas organizações criminosas na realização de seus propósitos. Considerando que essas atividades têm no comércio de drogas ilícitas seu objeto primário, e considerando a declaração de guerra feita por diversos governos na esteira dos Estados Unidos da América, podemos dizer, com tranquilidade, que as drogas têm vencido a guerra contra as drogas. A permanência do hábito humano de consumir drogas ainda anuncia a perpetuidade dessa guerra.

O Início do Fim

O 11 de setembro de 2001[158] é o marco do fim de uma era e início de outra. Na manhã daquele dia, o mundo foi surpreendido pela transformação de três grandes aviões em mísseis. Dois atingiram as torres duplas do World Trade Center, em Nova York, e um atingiu o Pentágono, prédio administrativo do Governo dos Estados Unidos da América. Os responsáveis pelo ataque foram 19 pessoas, sob o patrocínio da Al-Qaeda e seu líder Osama bin-Laden. Oficialmente, além desses 19 terroristas, morreram 3.221 pessoas em decorrência direta da queda dos aviões e dos incêndios que se seguiram. Contudo, o número de pessoas afetadas, incluindo os que adoeceram e sofreram sequelas, é imensurável.

Nos dias seguintes, autoridades norte-americanas e órgãos de imprensa receberam cartas contaminadas com Antrax, uma perigosa bactéria capaz de causar morte. Dessa ação, 5 pessoas morreram e 17 foram infectadas.[159] O medo se tornou universal.

---

[158] BERGEN, Peter L. September 11 Attacks. *In* **Britannica**. Documento eletrônico, disponível em https://www.britannica.com/event/September-11-attacks. Acesso em 31 mai 2023.

[159] Posteriormente, descobriu-se que esse evento não havia sido promovido por terroristas muçulmanos, mas por um norte-americano, Dr. Bruce Ivins, que se suicidou em 2008. FEDERAL BOUREAU OF INVESTIGATION.

A repercussão daqueles atentados foi gigantesca. Por causa dele os governos de dois países foram desmantelados pelos Estados Unidos da América: primeiro o Afeganistão, depois o Iraque. Ambos foram invadidos sob alegação de colaboração com os responsáveis. Países do mundo inteiro se viram, de um modo ou de outro, afetados pela "Guerra Contra o Terror" instaurada pelo governo norte-americano.

A partir daquele evento, norte-americanos descobriram-se vítimas e algozes de uma conjuntura de política internacional que, até então, somente observavam à distância, como espectadores das ações e omissões de seu Governo em países distantes, como no Vietnam, no Camboja, na Palestina, no Kuwait e no Iraque, para mencionar apenas alguns.

Vale lembrar alguns eventos que guardam, de um modo ou de outro, relação com os atentados de 2001 em diante. Em início dos anos 1990, Saddam Hussein, ditador do Iraque, achou uma boa ideia invadir o Kuwait, um pequeno país vizinho. Os Estados Unidos, a Arábia Saudita e uma grande coalisão de países não pensaram assim, e contra-atacaram, resultando no conflito que ficou conhecido como a Guerra do Golfo Pérsico. As intenções de Saddam Hussein foram frustradas, e as terras invadidas retornaram ao Kuwait.

Seguiram-se anos de conflitos relacionados à produção de armas químicas de destruição em massa, que haviam sido usadas pelo Iraque contra populações curdas e iranianas. Permanecia a suspeita de que o Iraque continuava a produzir armas químicas e biológicas. Essa suspeita levou a novo bombardeamento do território iraquiano pelos Estados Unidos da América e pela Inglaterra em 1998.

Durante os anos 1990, após o fim da União Soviética, os Estados Unidos se afirmaram como guardiões da ordem mundial. Apresentavam seu modo de vida como o que melhor garantia a liberdade e a prosperidade das pessoas, mas acumularam contra si um profundo ressentimento por parte das

Amerithrax or Anthrax Investigation. Documento eletrônico, disponível em https://www.fbi.gov/history/famous-cases/amerithrax-or-anthrax-investigation. Acesso em 19 jun 2023.

populações dos países em que intervieram, ou que com elas se identificavam, especialmente no mundo muçulmano. Além das intervenções no Iraque, cito a Palestina, palco de invasões territoriais israelenses com o aval norte-americano, que se transformou numa versão bizarra do *apartheid* sul-africano, ou aproximando-se dos guetos poloneses sob o regime Nazista, não em extensão, mas em natureza.[160]

A partir do discurso religioso muçulmano, que denunciava a liberdade de pensamento e ação das pessoas como violações à vontade de Allah, líderes religiosos influenciaram multidões contra o modo de vida ocidental, e os convocaram a uma guerra santa, *Jihad*, contra os Estados Unidos da América e seu modo de vida. O grupo que se tornou a Al-Qaeda faz parte dessa reação.

Portanto, os eventos de 2001 têm estreita relação com a intolerância religiosa e política que foi alimentada pelos conflitos da década de 1990, assim como com o fundamentalismo religioso que prospera há séculos entre cristãos, judeus e muçulmanos. Não acredito que o mundo se tenha transformado em outro a partir de 2001. Nas relações de poder e política, as coisas mudam, mas apenas em aparência. Antes, como escreveu o romancista italiano Giuseppe Tomasi di Lampedusa, na voz de um de seus personagens: "Se queremos que tudo permaneça como está, tudo deve mudar".[161]

Instaurada como reação ao ataque sofrido, a "Guerra Contra o Terror" foi marcada pela adoção de estratégias de

---

[160] Veja detalhes em LEVINE, Mark. "Gaza is no Warsaw Ghetto" *in* **AlJazeera**. Documento eletrônico, disponível em https://www.aljazeera.com/news/2009/2/2/gaza-is-no-warsaw-ghetto. Acesso em 22 fev 2024. O autor, ainda em 2009, afirmou que "Se Gaza é a Varsóvia de hoje, então os palestinos não têm esperança. Não há solução, não há novas estratégias que valham a pena considerar, para além da violência niilista que convida a uma resposta muito mais mortal." A situação se agravou muito enquanto escrevo, especialmente após os ataques do Hamas contra Israel, em 2023.

[161] TOMASI DI LAMPEDUSA, Giuseppe. **Il Gattopardo**. Milano: Feltrinelli, 2008. No original: "*Se vogliamo che tutto rimanga come è, bisogna che tutto cambi.*" Tradução livre do autor. A obra é de 1958.

manipulação de opinião pública e disseminação de informações falsas. Consideraremos algumas formas de desinformação que foram utilizadas e que se tornaram o modelo de uma nova imprensa, bem como uma estratégia essencial para a manutenção de regimes extremistas de direita ou de esquerda.

Após 11 de setembro, primeira reação do Congresso dos Estados Unidos foi autorizar ao Governo o uso da força "necessária e apropriada" contra os responsáveis pelo planejamento e execução dos ataques, e contra quaisquer pessoas que os abrigassem. Em 20 de setembro foi proclamada a *"War on Terror"*[162], num pronunciamento de G. W. Bush. As suas palavras foram: "Nossa guerra ao terror começa com a Al-Qaeda, mas não termina ali. Ela não terminará até que todo grupo terrorista de alcance global seja encontrado, parado e derrotado".[163]

Pouco depois, o Afeganistão, país que havia dado refúgio a Osama bin-Laden desde 1996[164], foi invadido por uma coalisão de forças sob o comando norte-americano. Todos os países sob a esfera de influência dos Estados Unidos da América foram instigados a participar nessa coalisão.[165]

---

[162] Guerra ao Terror. A definição de "terrorismo" como o "uso ilegal da violência e intimidação, especialmente contra civis, em busca de objetivos políticos" (Oxford Dictionary), pode ser aplicada também à conduta de países imperialistas e no seu modo de agir no mundo.

[163] NATIONAL ARCHIVES. **Global War on Terror**. Documento eletrônico, disponível em https://www.georgewbushlibrary.gov/research/topic-guides/global-war-terror. Acesso em 13 jul 2023. *"Our war on terror begins with al- Qaeda, but it does not end there. It will not end until every terrorist group of global reach has been found, stopped and defeated. "*

[164] Conforme consta no Site do Federal Bureau of Investigation – FBI. Documento eletrônico, disponível em https://www.fbi.gov/history/famous-cases/osama-bin-laden. Acesso em 01 jun 2023.

[165] O Brasil não enviou tropas ao Afeganistão por força de vedações constitucionais à participação em conflitos de terceiros. O Brasil só pode declarar guerra a país estrangeiro em caso de agressão. (Veja BRASIL. **Constituição da República Federativa do Brasil de 1988**. Documento eletrônico, disponível em http://www.planalto.gov.br/ccivil_03/constituicao/ConstituicaoCompilado.htm . Acesso em 21 feb 2024. Art. 84, inciso XIX.)

O USA PATRIOT Act[166], aprovado em 26 de outubro de 2001, se tornou o fundamento para diversas formas de vigilância eletrônica e violação de comunicação, física ou eletrônica, de pessoas e empresas no mundo inteiro, sem a necessidade de autorização judicial ou governamental, em franca violação a direitos de privacidade das pessoas, ou mesmo regras de direito internacional, que estabelecem direitos de soberania aos Estados.[167] Esse descaso para com a ideia de soberania nacional de outros Estados e dos direitos de privacidade das pessoas se tornou escancarado, conforme se tornou notório a partir de denúncias veiculadas em vazamentos de comunicações internas promovidos por jornalistas e pessoas do mundo inteiro.[168]

Essa foi uma das condutas que tiveram um profundo impacto na mente de pessoas comuns do mundo inteiro, que acreditavam no compromisso de seus Governos com o direito e com a veracidade. Depois de as pessoas terem conhecimento de que o Governo dos Estados Unidos da América (e – por que não? – os seus colaboradores) estavam vigiando cidadãos e outros Governos do mundo inteiro, ninguém mais confiava em pronunciações oficiais. E essa disposição ao ceticismo se consolidou ainda mais com o passar do tempo.

---

[166] Sigla de *Providing Appropriate Tools Required to Intercept and Obstruct Terrorism Act,* ou "Ato de Provisão de Instrumentos Apropriados Requeridos para Interceptar e Obstruir o Terrorismo".

[167] Esses direitos estabelecem limites para as ações que um Estado pode adotar perante a comunidade de Estados. Em tese, todos são soberanos em seus territórios, e possuem direitos iguais entre si. Um Estado não pode invadir o território, nem espionar a população, de outro Estado, sem autorização formal, como os EUA passaram a fazer.

[168] O programador de computadores Julian Assange e o "*contractor*" Edward Snowden se tornaram famosos por sua militância contra os excessos de governos. RAY, Michael. Julian Assange. *In* **Britannica**. Documento eletrônico, disponível em https://www.britannica.com/biography/Julian-Assange. Acesso em 01 jun 2023. RAY, Michael. Edward Snowden: American intelligence contractor. *In* **Britannica**. Documento eletrônico, disponível em https://www.britannica.com/biography/Edward-Snowden. Acesso em 01 jun 2023.

A partir de 2002, os suspeitos de envolvimento com os ataques terroristas foram enviados para a base naval de Guantánamo, em Cuba. Mas as pessoas presas ali não tinham acusação formal, nem definição legal: embora detidas, não eram prisioneiras de guerra, nem tinham direitos como os prisioneiros em solo americano. Ou seja, não eram prisioneiras de guerra, mas também não eram prisioneiras comuns! Segundo uma torrente de denúncias[169] contra o Governo norte-americano, aqueles prisioneiros foram submetidos a diversas formas de tortura e maus tratos. Na prática, essa conduta representou a validação da tortura e das prisões ilegais, embora os Estados Unidos da América se arvorassem como defensores da liberdade e da justiça no mundo.

O governo dos EUA encarcerou suspeitos de terrorismo não apenas em Guantánamo, mas também em outras prisões ilegais.[170] As prisões de radicais islâmicos no Iraque e no Afeganistão criaram o ambiente perfeito para a incubação de células ainda mais violentas, como o Estado Islâmico no Iraque e no Levante (ISIL) ou o Estado Islâmico na Síria (ISIS). Esses grupos radicais afirmavam-se como os bastiões de resistência contra o avanço dos "infiéis" ocidentais.

Como já mencionei, a utilização de notícias falsas se tornou outro instrumento da guerra. Contudo, diferentemente do que se fez em outras épocas, as informações falsas não foram direcionadas para a mera confusão de inimigos, mas para a alienação da opinião pública em geral para a causa da Guerra ao Terror. A mais emblemática dessas falsidades foi o fundamento invocado para a invasão do Iraque em 2003: a existência de armas químicas de destruição em massa,

---

[169] Veja-se HUMAN RIGHTS WATCH. **Guantanamo.** Documento eletrônico, disponível em https://www.hrw.org/topic/terrorism-counterterrorism/guantanamo. Acesso em 05 jun 2023.

[170] Veja-se BORELLI, Silvia. Casting Light On The Legal Black Hole: International Law And Detentions Abroad In The "War On Terror". *In* **International Review of The Red Cross**. Volume 87, Number 857, March 2005. Documento eletrônico, disponível em https://www.corteidh.or.cr/tablas/a21948.pdf. Acesso em 25 ago 2023.

supostamente em estoques gigantescos, à disposição do Ditador iraquiano, Saddam Hussein.

Durante a década de 1990, delegados da ONU constataram a existência dessas armas químicas e biológicas, mas, em 1998, após o bombardeamento das fábricas e o desmantelamento da estrutura de importação de insumos, não mais se tomou notícia da retomada da produção.[171]

Apesar da inexistência de provas, o Governo norte-americano conseguiu convencer milhões do perigo representado pelo Iraque ao mundo. O General Collin Powell, então Secretário de Estado do Governo Bush Jr., discursou sobre o tema perante o Conselho de Segurança da ONU, e garantiu o apoio de diversos países membros das Nações Unidas aos planos norte-americanos.

Especialmente por causa das falas inflamadas de líderes religiosos muçulmanos contra o modo de vida ocidental, antes mesmo dos eventos de 2001, depois dos ataques desse ano as pessoas passaram a associar o estereótipo do terrorista fundamentalista à comunidade religiosa muçulmana, como se todo muçulmano fosse terrorista. Não somente o religioso muçulmano, mas quem quer que fosse árabe, que tivesse um nome ou aparência com raízes árabes, passou a ser visto com suspeita. A ideia do "homem-bomba" se tornou uma ameaça mundial, assim como um rótulo globalmente imputado. Posteriormente, com o fluxo de imigrantes oriundos de países assolados pelas guerras e pela pobreza direcionado a países economicamente afluentes e mais liberais, esse "inimigo" se tornou mais complexo, incluindo também o "estrangeiro".

É verdade que diversos grupos radicais muçulmanos surgiram nos anos 2000, realizando ataques terroristas todo o planeta, gerando medo e ressentimento entre as pessoas. Mas o surgimento desses grupos é contextual à conduta imperialista norte-americana, do mesmo modo como os ataques perpetrados. Esses ataques não podem ser atribuídos à

---

[171] Veja-se UNITED NATIONS SPECIAL COMMISSION UNSCOM. **UNSCOM Main Achivements.** Documento eletrônico, disponível em https://www.un.org/depts/unscom/. Acesso em 05 jun 2023.

"maldade humana", como se gratuitamente se escolhessem cidades para se explodirem bombas. Podemos fazer ligações diretas entre a conduta dos países atingidos por ataques e seu apoio à "Guerra Contra o Terror". Lamentavelmente, inocentes são somente as vítimas dos ataques nessa guerra, seja de bombas em shopping centers, seja de mísseis em hospitais e escolas.

Durante a Guerra do Afeganistão contra a invasão soviética, nos anos 1980, a resistência afegã se deu por grupos religiosos, que consideravam sua luta expressão do conceito islâmico *Jihad*[172], costumeiramente traduzido como "guerra santa". Desde o Século V A. C. ,esse conceito é invocado nas guerras de conquista ou defesa islâmicas, para lhes garantir legitimidade religiosa, do mesmo modo como as campanhas missionárias, cruzadas moralistas e Cruzadas Cristãs invocam seus ideais religiosos para justificar seus propósitos e os crimes que cometem.[173] É importante destacar que para muitos intérpretes muçulmanos, a ideia de "guerra santa" se tornou um conceito inaplicável aos dias atuais, dadas as complexidades do mundo moderno.[174] A guerra travada é efetivamente política, e não religiosa, pois não tem real fundamento no livro sagrado muçulmano.[175]

Eruditos como Osama bin-Laden proclamaram, na década de 1990, a *Jihad* islâmica contra a América, através de diversas *fatwas,* ou expressões de interpretação da lei islâmica, no mesmo espírito da resistência contra a União Soviética[176][OBJ]

---

[172] ESPOSITO, John L. **Jihad: Holy or Unholy War**. Documento eletrônico, disponível em
https://www.unaoc.org/repository/Esposito_Jihad_Holy_Unholy.pdf. Acesso em 06 jun 2023.
[173] AFSARUDDIN, Asma. Jihad (Islam). *In* **Britannica**. Documento eletrônico, disponível em https://www.britannica.com/topic/jihad. Acesso em 06 jun 2023.
[174] AFSARUDDIN, *op. cit.*
[175] Na letra do Alcorão, o Islam é uma ordem de tolerância. Não cabe aos fiéis qualquer ação além da comunicação da palavra de Allah. (RIZVI Sayyid Mohammad. **A Tolerância Religiosa no Islam**. Documento eletrônico, disponível em https://www.arresala.org.br/biblioteca/a-tolerancia-religiosa-no-islam. Acesso em 12 jul 2023.)
[176] FRONTLINE. **Osama bin Laden V. The US: Edicts and Statements.**

O que esses eruditos chamaram de "opressão ocidental" se tornou motivo para uma "guerra aberta" no mundo, com um inimigo difuso, pois já àquela época não era possível isolar Oriente e Ocidente em dois polos opostos, como já mencionei. Os modos de vida do Oriente e Ocidente se interconectam por comércio, arte, e migrações, e não há divisas estanques entre si.

O suicídio sacrificial tem sido incentivado por alguns líderes religiosos muçulmanos, mesmo contra o texto sagrado do Alcorão, e seu apelo se baseia no mesmo tipo de ignorância religiosa que fanatiza ocidentais. O Islam condena o suicídio. Não foram poucas vezes que o Profeta expressou as condenações de Allah a quem tira sua própria vida. Não constam, no Alcorão, quaisquer justificativas para um ato tão extremo e desesperado.[177] O terrorismo suicida não são tem origens islâmicas[178], mas foi adotado como tática de guerra por alguns grupos desde 1984, no Líbano, durante a invasão israelense daquele país.[179] Embora possua a racionalidade do desespero, a torpeza de quem o incentiva é evidente: os incentivadores do suicídio não se sacrificam pela causa que defendem.

Por todas essas circunstâncias, o ano de 2001 representa o primeiro ano de uma era distinta, caracterizada sobretudo pelo medo. O momento político atual foi desenhado em 2001, e muito do que ocorrerá ainda no futuro tem suas raízes naquele momento.

Documento eletrônico, disponível em https://www.pbs.org/wgbh/pages/frontline/shows/binladen/who/edicts.html. Acesso em 06 jun 2023.

[177] Veja-se ISLAMICFINDER. **Why Suicide is Haram in Islam?** Documento eletrônico, disponível em https://www.islamicfinder.org/news/why-suicide-is-haram-in-islam/. Acesso em 13 jun 2023.

[178] Veja-se MURAD, Abdal Hakim. **As Origens Pagãs e Ocidentais do Terrorismo Islâmico Suicida**. Trad. Iqara Islam. Documento eletrônico, disponível em https://iqaraislam.com/as-origens-do-terrorismo-suicida. Acesso em 13 jun 2023.

[179] OVERTON, Iain. **A Short History of Suicide Bombing.** Documento eletrônico, disponível em https://aoav.org.uk/2020/a-short-history-of-suicide-bombings/. Acesso em 13 jun 2023.

Desde aquele ano, a ascensão de políticos extremistas, com ímpetos autoritários e fundamentalistas, foi o fenômeno político mais comum em países regidos por democracias de massa, em que os eleitorados puderam ser facilmente manobrados por influenciadores em redes sociais. As populações, cansadas da corrupção da classe política, acreditam que candidatos carismáticos podem romper o círculo vicioso que impera na política real, em que o capital determina os rumos das escolhas de cada país. Acreditam que um líder político com uma forte ideologia religiosa, supostamente comprometido com valores espirituais, esteja acima da vileza de cometer abusos contra a justiça, contra a verdade, contra a liberdade dos cidadãos. Vão engano.

O mundo de antes de setembro de 2001 não era idílico, feliz, justo e seguro. Em regiões de prosperidade econômica, contudo, ele parecia seguro. Mas a partir dos ataques terroristas de Nova York, Madrid, Baqubah, Londres, Mumbai, Boston, Peshawar, Paris, Bruxelas, Berlin, Istambul, Barcelona, Marselha, Mogadishu, Bir al-Abed, Toronto e tantos outros[180], essa ilusão de segurança se desvaneceu na mente das pessoas nas Américas e na Europa.

Governos poderosos sempre se utilizaram de estratégias de terrorismo, espionagem, interferência política e intervenção indireta, através do suprimento de armamento e insumos para as guerras em territórios distantes, segundo seus interesses comerciais e políticos. Seus cidadãos se iludiam com o suposto compromisso de seus governos com a liberdade, com a verdade, com a justiça e com as leis, e não se importavam com o que se fazia por fora de suas fronteiras. Mas a partir de 2001 perceberam de modo escancarado que suas ações não permaneceriam sem consequências.

Outro fenômeno que se apresentou ao mundo a partir de 2001 foi a estreita colaboração entre as grandes empresas de tecnologia e os Governos em guerra contra o terror. Essas empresas viabilizaram a espionagem e a quebra da

---

[180] SINCE 9/11. **Terrorism Timeline**. Documento eletrônico, disponível em https://since911.com/gallery/terrorism-timeline/. Acesso em 13 jul 2023.

privacidade de bilhões de pessoas, em nome dessa guerra. E se utilizaram dos históricos acumulados dessas pessoas em suas redes virtuais para as influenciar, manipulando a opinião pública a favor das ações do Governo na guerra, fomentando o medo, a xenofobia e a islamofobia, além das bolhas ideológicas criadas em comunidades extremistas.

O medo, a insegurança e a desinformação – inclua-se nesse rol o fanatismo religioso e as teorias conspiratórias – criaram as condições para a universalização de políticas de segurança mais rigorosas. Essas políticas, levadas a cabo por governos do mundo inteiro, resultaram, por sua vez, no pisoteamento de direitos de pessoas não-brancas e pobres, e no acirramento do ódio contra ativistas pró direitos-humanos, contra estrangeiros e contra imigrantes.

Medo, terror, crises econômicas catalizadoras de pobreza e desemprego, e o fundamentalismo criaram o caldo perfeito para a ascensão, no Ocidente, de políticos populistas de extrema-direita como Donald Trump e Jair Bolsonaro, e outros na Itália, na Polônia, na Turquia, na Hungria, para mencionar apenas alguns países da Europa.[181]

Realmente, eu gostaria de pensar que estamos no fim dessa era, mas não consigo. O extremismo continua a prosperar no mundo. Embora existam Estados regidos por extremistas de esquerda – *outsiders* como Cuba ou Coreia do Norte – a larga maioria do extremismo contemporâneo é de direita. Nenhum desses ambientes políticos é propício à democracia, ao exercício da liberdade e à promoção da igualdade.

Em extremismos políticos, sempre sofrem a liberdade de expressão e a igualdade das pessoas. Todos são reduzidos a meros espectadores da glória do Estado e dos ícones de sua ideologia.

Assim como foi relativamente fácil a ascensão de Hitler ao poder, por preexistirem as condições que a propiciaram, a

---

[181]+LIBERDADE. **Governos Populistas na Europa**. Documento eletrônico, disponível em https://maisliberdade.pt/maisfactos/populismo-na-europa/. Acesso em 13 jul 2023.

tendência ao fundamentalismo ideológico no Ocidente me faz pensar que existe sempre uma pulsão conservadora radical, pronta para impor sua ideologia por meio da cooptação das instituições democráticas, em nome da liberdade e da tirania da maioria, do mesmo modo como extremistas do comunismo tendem a cooptá-las em nome da igualdade, em prejuízo da liberdade das populações.

Tendo em vista esse estado de coisas na geopolítica mundial, o que podemos esperar?

Ladeira abaixo

As mudanças na sociedade não são prenúncio de catástrofe. Mudança é a regra da vida social. Como disse Marshall Berman, citando uma frase de Karl Marx[182]:

> Tudo o que é sólido desmancha no ar, tudo o que é sagrado é profanado, e os homens são finalmente forçados a enfrentar com sentidos mais sóbrios suas reais condições de vida e sua relação com outros homens.

Quando tudo muda, o que pode permanecer, senão a própria mudança?

A análise de eventos históricos é uma atividade arriscada e sujeita a erros, tanto mais próximos nos encontramos desses eventos. O que analisamos nessas breves linhas são eventos relativamente recentes, e todos somos partes deles, querendo ou não. Assim, nossas impressões são sujeitas a erros, pela limitação de nossa perspectiva limitada. Contudo, não

---

[182] BERMAN, Marshall. **Tudo Que é Sólido Desmancha no Ar**: A Aventura da Modernidade. Trad. Carlos Felipe Moisés e Ana Maria L. Ioriatti. São Paulo: Companhia das Letras, 1986, p. 87.

queremos ser iludidos pelas miragens que o horizonte cria, nem pela aparência de tranquilidade das águas.

Os Séculos XIX e XX foram palco de grandes holocaustos, oferecidos em nome da hegemonia branca, ocidental, de origem europeia – incluam-se seus descendentes migrados para a América, e em nome da riqueza acumulada e roubada de todos os cantos do mundo durante os Séculos de pilhagem colonial. A história é dinâmica; muda com o passar do tempo, e suas areias tendem a esconder questões importantes para a compreensão dessas mudanças e do real estado das coisas. Esquecer fatos, ideologias e elementos que compõem a história equivale a perder peças necessárias à montagem de um relógio.

O Século XXI é o palco de algo mais sofisticado, de formas de dominação aparentemente menos sangrentas – pelo menos por enquanto – mas tanto ou mais violentas do que no passado. A dominação atual se dá de modo mais cooperativo e sutil, pois ela tem a plena participação do dominado, objeto do controle sociopolítico que se faz através da ideologia e da agnotologia. Afinal, de que utilidade é você matar o objeto de seu domínio, quando você pode convencê-lo a se submeter aos seus valores e até se tornar um ativo promotor deles?

Em nome da segurança e da estabilidade de suas próprias estruturas de poder, econômicas e bélicas, Estados têm assumido o papel de controladores de liberdades e de valores. Em nome da liberdade de expressão, têm autorizado amplo espaço para discursos de ódio, de intolerância e de discórdia, alegadamente em defesa de valores religiosos e tradicionais. Esses valores são apresentados como se fossem universais, embora sejam propriedade de um grupo específico, religioso ou étnico, que se constitui maioria num determinado território e conseguiu eleger representantes políticos. A partir disso, torna-se fácil restringir liberdades pessoais, restringir a imprensa e o pensamento acadêmico, sempre em nome "da moral e dos bons costumes".

São tempos perigosos. É preciso cautela, sagacidade, perspicácia.

Niall Fergsuson, historiador britânico, reconheceu que o mundo contemporâneo, como o conhecemos, com sua política corrupta, com sua ordem internacional débil e parcial, com sua economia alienada, se encontra doente, tendo em vista as enormes contradições entre suas expectativas e realidades.[183] A profunda crise por que passa o mundo, especialmente o Ocidente, nasceu da complexidade própria de sua história e da sua incapacidade de lidar com diferenças. Nasceu da ilusão – e do desencanto – da estabilidade e correção das instituições políticas que regem a vida das pessoas. Nasceu da ignorância natural e artificial do ser humano, mantida e alimentada por pessoas que consideram ser melhor e mais fácil controlar pessoas do que lidar com sua liberdade e autonomia.

Acredito que, embora atualmente coexistam tendências conservadoras e progressistas nas sociedades, predomina um viés coletivista e intolerante, que inviabiliza o próprio diálogo político. É em meio a esse conflito que nos encontramos. Em grande número de Estados se fortalecem cada dia mais ideologias conservadoras, obtusas e retrógradas, que anseiam pelo fortalecimento e universalização da religiosidade (cristã, muçulmana, judaica, hindu ou budista) na política, que acreditam nas virtudes de uma economia ultraliberal, desde que apta a garantir os privilégios das oligarquias dominantes. Essas ideologias anseiam pelo fechamento das fronteiras econômicas, políticas e ideológicas, para que se promovam os "valores" que elas próprias elegem.

Apesar disso, ainda permanece o ideal de uma política livre da influência de ideologias particulares, bem como o ideal de uma regulação econômica consistente com a realidade social do povo local. A imaginada "aldeia global", caracterizada pelo convívio pacífico e tolerante entre pessoas de diferentes ideologias, é ainda projeto, mas sua realização se tem mostrado cada dia mais improvável, considerando o avanço do nacionalismo populista no mundo.

---

[183] FERGUSON, Niall. **A Grande Degeneração**: A Decadência do Mundo Ocidental. Trad. Janaína Marcoantonio. São Paulo: Planeta, 2013.

Na raiz da tendência conservadora está a natureza intolerante das ideologias envolvidas, especialmente nas concepções de mundo estabelecidas pelas Religiões do Livro. No Judaísmo, no Cristianismo e no Islam o mundo é o palco de uma guerra espiritual, e seus membros são os combatentes. O Hinduismo estatal fomenta o ressentimento contra o Islam e aplaude a destruição de mesquitas como manifestação da identidade nacional "Bharat". Assim como as religiões que adotam, essas pessoas estão em guerra com tudo que não conhecem, e com todos os que delas discordem. Israel, na antiguidade, invadiu e exterminou as populações de cidades inteiras da Palestina, então Canaã, em nome de Yahweh, seu Deus guerreiro dos Exércitos. Cristãos se impuseram pela violência, depois de abandonar a neutralidade pacífica dos primeiros discípulos de Jesus de Nazaré, seguidores do "caminho". O movimento Islâmico, logo em seus primórdios, expandiu seus territórios de domínio para a propagação e imposição de seu governo a todos, incluindo os amaldiçoados – Judeus; os que se desviaram – os Cristãos; e os infiéis – persas, hindus e africanos. O que se seguiu foram massacres seguidos de mais massacres, de Cruzadas, de inquisições e de incontáveis mortes motivadas pelo serviço prestado ao Deus do Livro. A expansão marítima apenas agravou esse quadro, resultando no extermínio de povos inteiros nas Américas, África, e em formas extremas de colonialismo e exploração nessas regiões e nas ilhas do oceano Pacífico.

Depois dos banhos de sangue das Guerras Mundiais de 1914-1918 e 1939-1945, foram criados instrumentos normativos para serem evitadas novas formas extremas de violência física e ideológica. O Preâmbulo da Declaração Universal dos Direitos Humanos aponta o seguinte – entre outros motivos, como fundamento da Declaração[184]:

> Considerando que o desprezo e o desrespeito pelos direitos humanos resultaram em atos bárbaros que ultrajaram a consciência da humanidade

---

[184] ONU, 1948.

> e que o advento de um mundo em que
> mulheres e homens gozem de liberdade
> de palavra, de crença e da liberdade de
> viverem a salvo do temor e da
> necessidade foi proclamado como a mais
> alta aspiração do ser humano comum
> [...].

Aparentemente, tais palavras foram esquecidas, especialmente pelas mesmas pessoas que contraditoriamente afirmam adorar uma divindade amorosa, compassiva e misericordiosa. Essas pessoas também se esqueceram das palavras sábias do profeta que ordenou, sem medo, que se 'guardasse a espada, pois todos os que a empunhassem, por ela pereceriam'.[185] O discurso de ódio não condiz com a essência do Cristianismo ou do Islam, nem condiz com um povo historicamente marcado como os Judeus.

A preservação da liberdade de pensamento e expressão não pode se dar a qualquer custo. É preciso saber conviver com pessoas diferentes, que não têm os mesmos valores. É preciso parar de tratar Estados como se pertencessem a uma determinada religião, como se o nascimento de uma pessoa lhe impusesse obrigações além daquelas do universo civil.

Embora muitas pessoas concordem com essas proposições, as perspectivas não são otimistas. A ignorância e o fundamentalismo estão em ascensão. Carl Sagan, ainda em 1995, anteviu com perspicácia alguns desenvolvimentos que consideramos. Na obra "O Mundo Assombrado Por Demônios", ao diagnosticar tendências de seu tempo, Sagan não era otimista quanto ao futuro. Ele escreveu[186]:

> O emburrecimento da América do Norte
> [e do mundo ocidental inteiro,] é muito
> evidente no lento declínio do conteúdo
> substantivo nos tão influentes meios de
> comunicação, nos trinta segundos de

---

[185] Mateus 26:52.

[186] SAGAN, Carl. **O Mundo Assombrado Por Demônios**: A Ciência Vista Como Uma Vela no Escuro. Trad. Rosaura Eichemberg. São Paulo: Companhia das Letras, 2006, pp. 43-44.

---

informações que fazem furor (que agora já são dez segundos ou menos), na programação de padrão nivelado por baixo, na apresentação crédula da pseudociência e da superstição, mas especialmente numa espécie de celebração da ignorância. No momento em que escrevo, ovídeo mais alugado na América do Norte é o filme *Dumb and Dumber* [Débi e Lóide]. *Beavis and Butthead* continuam populares (e influentes) entre os jovens que vêem televisão. A lição clara é que estudar e aprender e não se trata apenas de ciência, mas de tudo o mais é evitável, até indesejável.

Nós criamos uma civilização global em que os elementos mais cruciais o transporte, as comunicações e todas as outras indústrias, a agricultura, a medicina, a educação, o entretenimento, a proteção ao meio-ambiente e até a importante instituição democrática do voto dependem profundamente da ciência e da tecnologia. Também criamos uma ordem em que quase ninguém compreende a ciência e a tecnologia. É uma receita para o desastre. Podemos escapar ilesos por algum tempo, porém mais cedo ou mais tarde essa mistura inflamável de ignorância e poder vai explodir na nossa cara.

Uma revolução de valores, com uma conversão maciça de pessoas em favor de metas universais de progresso, humanidade e virtude me parece muito pouco provável. Mas os efeitos da estupidez sempre se mostram: cedo ou tarde, a violência explode, pessoas sofrem e lamentam ter consentido no avanço de ideologias de ódio. Cedo ou tarde, ditadores são pendurados em cordas, seja pelos pés ou pelo pescoço.

Anseio pelo dia em que as expectativas colocadas na Declaração Universal dos Direitos Humanos se tornem mais do que são atualmente, mais do que meras expectativas. Anseio pelo dia em que se tornem Direitos. E anseio pelo dia em que Direitos se tornem reais.

Referências Bibliográficas

ACKSON, A. V. Williams. Zoroastrianism and the Resemblances between It and Christianity. *In* **The Biblical World**, Vol. 27, No. 5 (Maio 1906). Documento eletrônico, disponível em https://www.jstor.org/stable/3140852. Acesso em 13 abr 2023.

ÂNGELO, Durval. **APAC**: A Face Humana da Prisão. Belo Horizonte: O Lutador, 2016.

AKYOL, Mustafa. Freedom in the Muslim World. *In* **Economic Development Bulletin – CATO Institute**, n° 33, de 25/08/2020. Documento eletrônico, disponível em https://www.cato.org/economic-development-bulletin/freedom-muslim-world#. Acesso em 03 jul 2023.

ALLEN, Francis A. Cesare Beccaria – Italian criminologist. *In* **Britannica**. Documento eletrônico, disponível em https://www.britannica.com/biography/Cesare-Beccaria. Acesso em 03 abr 2023.

ALTAVILLA, Jayme de. **Origem dos Direitos dos Povos.** 3. ed. São Paulo: Melhoramentos, 1963.

ARENDT, Hannah. **Origens do Totalitarismo**: Anti-Semitismo, Imperialismo, Totalitarismo. Trad. Roberto Raposo. São Paulo: Companhia das Letras, 1989.

ARENDT, Hannah. **A Condição Humana**. 10. ed. Trad. Roberto Raposo. Rio de Janeiro: Forense, 2005.

AFSARUDDIN, Asma. Jihad (Islam). *In* **Britannica**. Documento eletrônico, disponível em https://www.britannica.com/topic/jihad. Acesso em 06 jun 2023.

AYRES, Nicole. Saramago e a Pergunta: Vivemos Hoje o Mito da Caverna? *In* **Homo Literatus**. Documento eletrônico, disponível em https://homoliteratus.com/saramago-mito-da-caverna/. Acesso em 27 jun 2023.

BAUGH, L. Sue. Flat Earth. *In* **Britannica**. Documento eletrônico, disponível em https://www.britannica.com/topic/flat-Earth. Acesso em 23 jun 2023.

BECCARIA, Cesare. **Dos Delitos e das Penas**. Trad. Torrieri Guimarães. São Paulo: Martin Claret, 2001.

BECKER, Howard S. **Ousiders**: Studies in The Sociology of Deviance. New York: The Free Press of Glencoe, 1963.

BERGEN, Peter L. September 11 Attacks. *In* **Britannica**. Documento eletrônico, disponível em https://www.britannica.com/event/September-11-attacks. Acesso em 31 mai 2023.

BERMAN, Marshall. **Tudo Que é Sólido Desmancha no Ar**: A Aventura da Modernidade. Trad. Carlos Felipe Moisés e Ana Maria L. Ioriatti. São Paulo: Companhia das Letras, 1986.

BERTIN, George (Org.). **Os Grandes Julgamentos Da História**: Os Processos de Moscou. Rio de Janeiro: Otto Pierre, 1978.

BÍBLIA. **Bíblia Online**. Documento eletrônico, disponível em https://www.bibliaonline.com.br/nvi/ec/1. Acesso em 06 dez 2021.

BOBBIO, Norberto. **A Era dos Direitos**. Trad. Carlos Nelson Coutinho. Rio de Janeiro: Campos, 1992.

BOBBIO, Norberto *et alii*. Fascismo. *In* **Dicionário de Política**. Trad. Carmen C. Varriale *et alii*. 11. ed. Brasília: UNB, 1998. Vol. 1.

BORELLI, Silvia. Casting Light On The Legal Black Hole: International Law And Detentions Abroad In The "War On Terror". *In* **International Review of The Red Cross**. Volume 87, Number 857, March 2005. Documento eletrônico, disponível em https://www.corteidh.or.cr/tablas/a21948.pdf. Acesso em 25 ago 2023.

BORNHEIM, Gerd. **Introdução ao Filosofar**: O Pensamento Filosófico em Bases Existenciais. 9. ed. São Paulo: Globo, 1998.

BRAZIL, Rachel. Fighting Flat-Earth Theory. *In* **physicsworld**. Documento eletrônico, disponível em https://physicsworld.com/a/fighting-flat-earth-theory/. Acesso em 18 mar 2022.

BRITANNICA. **France – The Second Republic and Second Empire**. Documento eletrônico, disponível em https://www.britannica.com/place/France/The-Second-Republic-and-Second-Empire#ref40438. Acesso em 24 mar 2022.

BRITANNICA. **Heresy**. Documento eletrônico, disponível em https://www.britannica.com/topic/heresy. Acesso em 13 abr 2023.

BRITANNICA. **Wars of Religion**: French history. Documento eletrônico, disponível em https://www.britannica.com/event/Wars-of-Religion. Acesso em 04 abr 2023.

BROWN, Dwayne *et alii*. NASA Finds Ancient Organic Material, Mysterious Methane on Mars. *In* **NASA**. Documento eletrônico, disponível em https://www.nasa.gov/press-release/nasa-finds-ancient-organic-material-mysterious-methane-on-mars. Acesso em 22 out 2021.

CARNELUTTI, Francesco. **As Misérias do Processo Penal**. Trad. José Antônio Cardinalli. São Paulo: Conan, 1995.

CARRANÇA, Thaís. Mudanças climáticas: governo Bolsonaro quer convencer o mundo que problema do Brasil é 'de imagem'. *In* **BBC News Brasil**. Documento eletrônico, disponível em https://www.bbc.com/portuguese/brasil-58550080. Acesso em 27 mar 2023.

CHURCHILL, Winston. *In* **International Churchill Society**. Documento eletrônico, disponível em https://winstonchurchillorg/resources/quotes/the-worst-form-of-government/. Acesso em 17 mar 2023.

COMPARATO, Fábio Konder. **Ética**: Direito, Moral e Religião no Mundo Moderno. São Paulo: Companhia das Letras, 2006.

CONSELHO NACIONAL DE JUSTIÇA. **O encarceramento tem cor, diz especialista.** Documento eletrônico, disponível em https://www.cnj.jus.br/o-encarceramento-tem-cor-diz-especialista/. Acesso em 07 jul 2023.

COULANGES, Fustel de. **A Cidade Antiga**. Trad. Jean Melville. São Paulo: Martin Claret, 2001.

DAHL, Robert. **Sobre a Democracia**. Trad. Beatriz Sidou. Brasília: UNB, 2001.

DADOSMUNDIAIS. COM. **Estes países têm a pena de morte.** Documento eletrônico, disponível em https://www.dadosmundiais.com/pena-de-morte.php. Acesso em 06 jul 2023.

DALBERG-ACTON, John Emerich Edward. **Pensador**. Documento eletrônico, disponível em https://www.pensador.com/frase/MjEyNzY3NQ/. Acesso em 07 mar 2023.

DE COOK, Julia. QAnon passou de conspiração obscura a um culto completo. *In* **openDemocracy**. Documento eletrônico, disponível em https://www.opendemocracy.net/pt/qanon-de-conspiracao-obscura-a-culto/. Acesso em 05 jul 2023.

DESMOND, Adrian J. Charles Darwin: British naturalist. *In***Britannica**. Documento eletrônico, disponível em https://www.britannica.com/biography/Charles-Darwin. Acesso em 16 set 2021.

DI RUFFIA, Paolo Biscaretti. **Introducción Al Derecho Constitucional Combarado**: Las Formas de Estado y Las Formas de Gobierno, Las Constitutiones Modernas. México: Fondo de Cultura Económica, 1975.

ESPOSITO, John L. **Jihad**: Holy or Unholy War. Documento eletrônico, disponível em https://www.unaoc.org/repository/Esposito_Jihad_Holy_Unholy.pdf. Acesso em 06 jun 2023.

EUSEBIUS. **The Church History**. Trad. Arthur Cushman McGiffert. Grand Rapids, MI, EUA: B. Eerdmans publishing Company, 1890. Kindle, 2019.

FEDERAL BOUREAU OF INVESTIGATION. **Amerithrax or Anthrax Investigation**. Documento eletrônico, disponível em https://www.fbi.gov/history/famous-cases/amerithrax-or-anthrax-investigation. Acesso em 19 jun 2023.

FEDERAL BOUREAU OF INVESTIGATION. **Osama bin Laden**. Documento eletrônico, disponível em https://www.fbi.gov/history/famous-cases/osama-bin-laden. Acesso em 01 jun 2023.

FERGUSSON, Niall. **A Grande Degeneração**: A Decadência do Mundo Ocidental. Trad. Janaína Marcoantonio. São Paulo: Planeta, 2013.

FIDLER, David P. Disinformation and Disease: Social Media and the Ebola Epidemic in the Democratic Republic of the Congo. *In* **Council on Foreign Relations**. Documento eletrônico, disponível em https://www.cfr.org/blog/disinformation-and-disease-social-media-and-ebola-epidemic-democratic-republic-congo. Acesso em 26 jun 2023. ,

FIORAVANTI, Maurizio. **Constitución**: De La Antiguidad a Nuestros Dias. Trad. Manuel Martinez Neira. Madrid: Trotta, 2001.

FOUCAULT, Michel. **Vigilar y Castigar**: Nacimiento de La Prisión. Buenos Aires, Argentina; Ciudad del México, México: Siglo Veintiuno Editores Argentina S. A. ,2003.

FREEDOM HOUSE. **Freedom in The World 2023**. Documento eletrônico, disponível em https://freedomhouse.org/sites/default/files/2023-03/FIW_2023_50Years_DigitalPDF.pdf. Acesso em 30 mar 2023.

FREITAS, Mona Lisa de Moraes; MALUF, Emir Couto Manjud. Povo e Democracia: Exercícios de Soberania. *In* **Revista de Julgados do Tribunal Regional Eleitoral de Mato Grosso.** Cuiabá: Tribunal Regional Eleitoral de Mato Grosso, 2012. Vol. 6, 2010-2011.

FRITZSAND, Troy. O. The Lost Tribes of Israel: Who are their descendants today? *In* **The Jerusalem Post**. Documento eletrônico, disponível em https://www.jpost.com/judaism/article-729707. Acesso em 30 jun 2023.

FRONTLINE. **Osama bin Laden V. The US**: Edicts and Statements. Documento eletrônico, disponível em https://www.pbs.org/wgbh/pages/frontline/shows/binladen/who/edicts.html. Acesso em 06 jun 2023.

FRONTLINE PBS. **United States of Conspiracy**. Documentário eletrônico, disponível em

https://www.youtube.com/watch?v=hDXJ9OUco04&t=2415.
Acesso em 27 mar 2023.

FRONTLINE PBS. **Plot to Overturn the Election**.
Documentário eletrônico, disponível em
https://www.youtube.com/watch?v=90O-q7dgS-I&t=1133s.
Acesso em 29 mar 2023.

GARCÍA-PABLOS DE MOLINA, Antonio. **Criminologia**. Trad.
Luiz Flávio Gomes. 5. ed. São Paulo: Revista dos Tribunais,
2006.

GADAMER, Hans-Georg, vide OSUNA FERNÁNDEZ-LARGO,
Antônio.

GIBBON, Edward. **The History of The Decline and Fall of the
Roman Empire**. Copenhagen, Denmark: Titan Read, Kindle,
2016.

GILBERT, Creighton E. Michelangelo: Italian Artist. *In*
Britannica, document eletrônico, disponível em
https://www.britannica.com/biography/Michelangelo. Acesso em
29 mai 2023.

GLEISER, Marcelo. **A Dança do Universo**: Dos Mitos da
Criação ao Big-Bang. São Paulo: Companhia das Letras, 1997.

GLEISER, Marcelo. **A Criação Imperfeita**: Cosmos, Vida e o Código Oculto da Natureza. Rio de Janeiro; São Paulo: Record, 2010.

GLEISER, Marcelo. **O Fim da Terra e do Céu**: O Apocalipse na Ciência é na Religião. São Paulo: Cia. de Bolso, 2020.

GOFFMAN, Erving. **Manicômios, Prisões e Conventos.** Trad. Dante Moreira. São Paulo: Perspectiva, 1974.

GOLDHAGEN, Daniel Jonah. **Hitler's Willing Executioners**: Ordinary Germans and the Holocaust. New York, USA: Vintage Books, 1997.

GURIAN, Waldemar. The Totalitarian State. *In* **The Review of Politics**, vol. 40, no. 4, 1978. Documento eletrônico, disponível em http://www.jstor.org/stable/1406761. Acesso em 20 abr 2023.

ISLAMICFINDER. **Why Suicide is Haram in Islam?** Documento eletrônico, disponível em https://www.islamicfinder.org/news/why-suicide-is-haram-in-islam/. Acesso em 13 jun 2023.

HERKENHOFF, João Batista. **Uma Porta Para o Homem no Direito Criminal**. 4. ed. Rio de Janeiro: Forense, 2001.

HOURANI, Albert. **Uma História dos Povos Árabes**.
Trad.Marcos Santarrita. São Paulo: Companhia das Letras,
1994.

HOWELL, Elizabeth. Fermi Paradox: Where Are the Aliens? *In*
SPACE.COM. Documento eletrônico, disponível em
https://www.space.com/25325-fermi-paradox. html. Acesso em
22 out 2021.

HUBERMAN, Leo. **História da Riqueza do Homem**. Trad.
Waltensir Dutra. Rio de Janeiro: Zahar, 1983.

HULSMAN, Louk e CELIS, Jacqueline Bernat de. **Penas
Perdidas**: O Sistema Penal em Questão. 2. ed. Trad. Maria
Lúcia Karam. Niterói: Luam, 1997.

HUMAN RIGHTS WATCH. **Guantanamo**. Documento
eletrônico, disponível em https://www.hrw.org/topic/terrorism-
counterterrorism/guantanamo. Acesso em 05 jun 2023.

JAEGER, Werner. **Paideia**: A Formação do Homem Grego.
Trad. Artur M. Parreira. São Paulo: Martins Fontes, 2013.

KAFKA, Franz. Na Colônia Penal *In* **Essencial Franz Kafka**.
São Paulo: Penguin/Cia. das Letras, 2011.

KINZO, Maria D'Alva. **Representação Política e Sistema Eleitoral no Brasil**. São Paulo: Símbolo, 1980.

KOGON, Eugen. **The Theory and Practice of Hell**: The German Concentration Camps and The System Behind Them. Trad. Heinz Norden. New York: Ferrar, Straus & Co. ,[1956].

KOHLER, Kaufmann; JACKSON, A. V. W. Zoroastrianism. *In* **Jewish Enciclopedia**. Documento eletrônico, disponível em https://www.jewishencyclopedia.com/articles/15283-zoroastrianism. Acesso em 21 ago 2023.

LE BON, Gustave. **The Crowd**: A Study of the Popular Mind. Documento eletrônico, disponível em https://www.gutenberg.org/ebooks/445. Acesso em 13 abr 2023.

+LIBERDADE. **Governos Populistas na Europa.** Documento eletrônico, disponível em https://maisliberdade.pt/maisfactos/populismo-na-europa/. Acesso em 13 jul 2023.

LOCHNER, Lance e MORETTI, Enrico. The Effect of Education on Crime: Evidence from Prison Inmates, Arrests, and Self-Reports. *In* **The American Economic Review**. Vol. 94, No. 1 (Mar. , 2004), pp. 155-189. Documento eletrônico, disponível em https://www.jstor.org/stable/3592774. Acesso em 24 mai 2023.

MAGENTA, Matheus. O que significa ser fascista? *In*BBC
News Brasil. Documento eletrônico, disponível em
https://www.bbc.com/portuguese/geral-62520995. Acesso em
03 jul 2023.

MALINOWSKI, Bronislaw. **Crime e Costume na Sociedade
Selvagem**. Trad. Maria Clara Corrêa Dias. 2. ed. Brasília: UNB,
2008.

MALUF, Emir. **Direito e Justiça**: Sem Ilusões. Belo Horizonte:
Emir Maluf, 2021.

MARQUES, Daniela de Freitas. **Os Espelhos do Sistema
Jurídico-Penal**: Giordano Bruno, o Herege. Porto Alegre:
Sérgio Antônio Fabris Editor, 2011.

MARX, Karl Heinrich e ENGELS, Friedrich Engels. **Manifesto
do Partido Comunista**. Trad. José Barata Moura. Lisboa:
Avante!,1997. Documento eletrônico, disponível em
https://www.marxists.org/portugues/marx/1848/ManifestoDoPar
tidoComunista/index.htm. Acesso em 26 nov 2020.

MATA-MACHADO, Edgar de Godói da. **Contribuição ao
Personalismo Jurídico**. Belo Horizonte: Del Rey, 2000.

MELO, Itamar. Sete afirmações feitas pelos terraplanistas e os
motivos de eles estarem enganados. *In* **GZH Ciência e
Tecnologia**. Documento eletrônico, disponível em

https://gauchazh.clicrbs.com.br/tecnologia/noticia/2019/08/sete-afirmacoes-feitas-pelos-terraplanistas-e-os-motivos-de-eles-estarem-enganados-cjze68lgl038r01qmslcdjmbp.html. Acesso em 23 jun 2023.

MÉSZAROS, István. **O Poder da Ideologia**. Trad. Paulo Cézar Castanheira. São Paulo: Boitempo Editorial, 2004.

MORIN, Edgar. **Os Sete Saberes Necessários à Educação do Futuro**. Tradução de Catarina Eleonora F. da Silva e Jeanne Sawaya. 2. ed. São Paulo: Cortez; Brasília, DF: UNESCO, 2000.

MÜLLER, Friederich. **Quem é o Povo?** A Questão Fundamental da Democracia. Trad. Peter Naumann. São Paulo: Max Limonad, 2003.

MURAD, Abdal Hakim. **As Origens Pagãs e Ocidentais do Terrorismo Islâmico Suicida**. Trad. Iqara Islam. Documento eletrônico, disponível em https://iqaraislam.com/as-origens-do-terrorismo-suicida. Acesso em 13 jun 2023.

NATIONAL ASSOCIATION FOR THE ADVANCEMENT OF COLORED PEOPLE – NAACP. **Criminal Justice Fact Sheet.** Documento eletrônico, disponível em https://naacp.org/resources/criminal-justice-fact-sheet. Acesso em 07 jul 2023.

NASA. **About Life Detection**. Documento eletrônico, disponível em https://astrobiology.nasa.gov/research/life-detection/about/. Acesso em 09 dez 2021.

NASA JET PROPULSION LABORATORY. **Voyager**: Mission Status. Documento eletrônico, disponível em https://voyager.jpl.nasa.gov/mission/status/. Acesso em 09 ago 2023.

NASA. Messier 16 (The Eagle Nebula). **Hubble's Messier Catalog**. Documento eletrônico, disponível em https://www.nasa.gov/feature/goddard/2017/messier-16-the-eagle-nebula. Acesso em 16 set 2021.

NASCIMENTO, Walter Vieira do. **Lições de História do Direito**. 10. ed. Rio de Janeiro: Forense, 1998.

NATIONAL ARCHIVES. **Global War on Terror**. Documento eletrônico, disponível em https://www.georgewbushlibrary.gov/research/topic-guides/global-war-terror. Acesso em 13 jul 2023.

NIETZCSHE, Friederich W. **O Anticristo**: Ensaio de uma Crítica do Cristianismo. Trad. Antônio Carlos Braga. 2. ed. São Paulo: Escala, 2008

NIETZSCHE, Friederich W. **The Will To Power**. Trad. Walter Kafumann e R. J. Hollingdale. New York: Vintage Books, 1968.

O'DONNELL, Guillermo. Democracia Delegativa? *In* **Novos Estudos CEBRAP**, nº. 31, outubro de 1991.

ORGANIZAÇÃO DAS NAÇÕES UNIDAS. **Declaração Sobre A Eliminação de Todas as Formas de Intolerância e Discriminação Fundadas na Religião ou nas Convicções.** Documento eletrônico, disponível em http://www.dhnet.org.br/direitos/sip/onu/discrimina/religiao.htm. Acesso em 03 jul 2023.

ORGANIZAÇÃO DAS NAÇÕES UNIDAS ONU. **Declaração Universal dos Direitos Humanos (Resolução 217 A-III da Assembleia Geral)**. Nova York, EUA: Organização das Nações Unidas, 1948. Documento Eletrônico, disponível em https://www.unicef.org/brazil/declaracao-universal-dos-direitos-humanos. Acesso em 09 dez 2021.

ORGANIZAÇÃO DAS NAÇÕES UNIDAS ONU. **General Assembly Resolution 36/55**. Documento eletrônico, disponível em https://www.ohchr.org/en/instruments-mechanisms/instruments/declaration-elimination-all-forms-intolerance-and-discrimination. Acesso em 13 abr 2023.

ORWELL, George. **1984**. Trad. Alexandre Barbosa de Souza. São Paulo: Via Leitura, 2021.

OSUNA FERNÁNDEZ-LARGO, Antônio. **Hermenêutica Jurídica En Torno A La Hernenéutica de Hans-Georg**

Gadamer. Valladolid, España: Secretariado de Publicaciones, Universidade de Valladolid, 1992.

OVERTON, Iain. **A Short History of Suicide Bombing.** Documento eletrônico, disponível em https://aoav.org.uk/2020/a-short-history-of-suicide-bombings/. Acesso em 13 jun 2023.

PAXTON, Robert, vide MAGENTA, Matheus.

PIVETTA, Marcelo. O Clima no Antropoceno. *In* **Revista Pesquisa FAPESP**. Documento eletrônico, disponível em https://revistapesquisa.fapesp.br/o-clima-no-antropoceno/. Acesso em 24 mar 2022.

PLATÃO. **A República**. Trad. Enrico Corvisieri. São Paulo: Nova Cultural, 1997.

PONDÉ, Luiz Felipe. **Crítica e Profecia**: A Filosofia da Religião em Dostoievski. São Paulo: LeYa Brasil, 2013.

PROCTOR, Robert N. e SCHIEBINGER, Londa. **Agnotology**: The Making and Unmaking of Ignorance. Standford, USA: University Press, 2008.

QURAN. **The Noble Quran In the English Language**. Trad. At-Tabari, Al-Qurtubiand Ibn Kathir. Documento eletrônico,

disponível em
http://www.iium.edu.my/deed/quran/nobelquran/index_t.html.
Acesso em 13 abr 2023.

RAMALHO, José Ricardo. **Mundo do Crime**: A Ordem Pelo
Avesso. 2. ed. Rio de Janeiro: Graal, 1983.

RAY, Michael. Julian Assange. *In* **Britannica.** Documento
eletrônico, disponível em
https://www.britannica.com/biography/Julian-Assange. Acesso
em 01 jun 2023.

RAY, Michael. Edward Snowden: American intelligence
contractor. *In* **Britannica.** Documento eletrônico, disponível em
https://www.britannica.com/biography/Edward-Snowden.
Acessos em 01 jun 2023.

REYNOLDS, Arthur J. ,CHAN, Heesuk, TEMPLE, Judy A. Early
Childhood Intervention and Juvenile Delinquency. *In*Evaluation
Review, Vol. 22(3), pp. 341-372, Junho/2021. Documento
eletrônico, disponível em
https://journals.sagepub.com/doi/10.1177/0193841X980220030
2. Acesso em 24 mai 2023.

REUTERS. **Fact Check-Re-examining how and why voter
fraud is exceedingly rare in the U. S. ahead of the 2022
midterms.** Documento eletrônico, disponível em https://www.
reuters.com/article/factcheck-fraud-elections-idUSL1N2XP2AI.
Acesso em 31 mar 2023.

RICKS, Thomas E. .**Churchill & Orwell**: A luta pela liberdade. Rio de Janeiro: Zahar, 2019.

RIZVI Sayyid Mohammad. **A Tolerância Religiosa no Islam.** Documento eletrônico, disponível em https://www.arresala.org.br/biblioteca/a-tolerancia-religiosa-no-islam. Acesso em 12 jul 2023.

ROEDEL, Hiram. Do Mito de Cam ao Racismo Estrutural: uma pequena contribuição ao debate. *In* **Afro-Port**. Documento eletrônico, disponível em https://cesa.rc.iseg.ulisboa.pt/afroport/wp-content/uploads/2020/07/ROEDEL-H-Do-Mito-de-Cam-ao-Racismo.pdf. Acesso em 14 abr 2023.

SAGAN, Carl. **Cosmos**. Trad. Paul Geiger. São Paulo: Companhia das Letras, 2017.

SAGAN, Carl. **O Mundo Assombrado Por Demônios**: A Ciência Vista Como Uma Vela no Escuro. Trad. Rosaura Eichemberg. São Paulo: Companhia das Letras, 2006.

SAGAN, Carl e DRAKE, Frank. The Search for Extraterrestrial Intelligence. *In* **Scientific American**. Documento eletrônico, disponível em https://www.scientificamerican.com/article/the-search-for-extraterre/. Acesso em 22 out 2021.

SANCHES, Mariana. 'Bolsonaro adota medidas do manual de Chávez': entenda semelhanças e diferenças entre Brasil e Venezuela. *In* **BBC News Brasil**. Documento eletrônico, disponível em https://www.bbc.com/portuguese/brasil-58124049. Acesso em 29 jun 2023.

SARAMAGO, José. **A Caverna**. São Paulo: Companhia das Letras, 2000.

SCHIMITT, Carl. **Teologia Política**. Trad. Elisete Antoniuk. Belo Horizonte: Del Rey, 2006.

SHARMA, Arvind. **Religious Tolerance**: A History. Gurugram, Índia: Harper Collins Publishers: India, 2019.

SILVA, Antônio Ozaí da. Monoteísmo e Intolerância Religiosa e Política. *In* **Revista Espaço Acadêmico da Universidade Estadual de Maringá/PR**. Outubro de 2010, nº 113. Documento eletrônico, disponível em https://periodicos.uem.br/ojs/index.php/EspacoAcademico/articl e/download/11370/6156/. Acesso em 30 jun 2023.

SINCE 9/11. **Terrorism Timeline**. Documento eletrônico, disponível em https://since911.com/gallery/terrorism-timeline/. Acesso em 13 jul 2023.

TOMASI DI LAMPEDUSA, Giuseppe. **Il Gattopardo**. Milano: Feltrinelli, 2008.

TYSSON, Neil deGrasse. @neiltysson, status de 01/02/2017. *In* Twitter. Documento eletrônico, disponível em https://twitter.com/neilTysson/status/826794336306262016?lang=en. Acesso em 06 dez 2021.

UNESCO. **Göbekli Tepe**. Documento eletrônico, disponível em https://whc.unesco.org/en/list/1572/. Acesso em 16 set 2021.

UNITED STATES SENATE. **Constitution of the United States**. Documento eletrônico, disponível em https://www.senate.gov/civics/constitution_item/constitution.htm . Acesso em 13 abr 2023.

TRIBUNAL SUPERIOR ELEITORAL - TSE. **Processo eleitoral no Brasil.** Documento eletrônico, disponível em https://www.tse.jus.br/eleicoes/historia/processo-eleitoral-brasileiro/funcionamento-do-processo-eleitoral-no-brasil. Acesso em 01 ago 2023.

TRIBUNAL SUPERIOR ELEITORAL – TSE. **Relatório das Forças Armadas confirma segurança das urnas eletrônicas.** Documento eletrônico, disponível em https://www.tse.jus.br/comunicacao/radio/2022/Novembro/relatorio-das-forcas-armadas-confirma-seguranca-das-urnas-eletronicas. Acesso em 29 mar 2023.

UNITED NATIONS PROGRAMME ON HIV/AIDS - UNAIDS. **Update**: Decriminalization works, but too few countries are

taking the bold step. Documento eletrônico, disponível em
https://www.unaids.org/en/resources/presscentre/featurestories/
2020/march/20200303_drugs. Acesso em 03 abr 2023.

UNITED NATIONS SPECIAL COMISSION UNSCOM.
UNSCOM Main Archivements. Documento eletrônico,
disponível em https://www.un.org/depts/unscom/. Acesso em
05 jun 2023.

VAQUER, Jordi. Nacional-Populismo no Poder: Uma Terceira
Onda Autoritária Varre do Mundo. *In* **openDemocracy**.
Documento eletrônico, disponível em
https://www.opendemocracy.net/pt/nacional-populismo-poder-
terceira-onda-autoritaria/. Acesso em 23/11/2023.

VIRGINIA HISTORICAL SOCIETY. **Thomas Jefferson and
The Virginia Statute for Religious Freedom**. Documento
eletrônico, disponível em
https://virginiahistory.org/learn/thomas-jefferson-and-virginia-
statute-religious-freedom. Acesso em 03 jul 2023.

VISHUDDI FILMS. **Indian Civilization - Continuities &
Change**. Documento eletrônico, disponível em
https://www.youtube.com/playlist?list=PLJaEmaHm0OACxs2-
fUo0x6FoOwKtKI67Y. Acesso em 08 mar 2023.

VON IHERING, Rudolf. **A Luta Pelo Direito**. Trad. Pedro
Nassetti. São Paulo: Martin Claret, 2000.

WACQUANT, Loïc. **As Prisões da Miséria**. Trad. André Telles. Rio de Janeiro: Jorge Zahar Ed. ,2001.

WALTER, James A. John Emerich Edward Dalberg-Acton. *In* **Britannica**. Documento eletrônico, disponível em https://www.britannica.com/biography/John-Emerich-Edward-Dalberg-Acton-1st-Baron-Acton. Acesso em 07 mar 2023.

WASSERTEIN, Bernard *et alii*. History of Jerusalem. *In* **Brittanica**. Documento eletrônico, disponível em https://www.britannica.com/place/Jerusalem/History.Acesso em 12 abr 2023.

WESTMAN, Robert. S. Nicolaus Copernicus. *In* **Britannica**. Documento eletrônico, disponível em https://www.britannica.com/biography/Nicolaus-Copernicus. Acesso em 17 mar 2022.

WILLIAMS, Michael. Gnosticism: religious movement. *In* **Britannica**. Documento eletrônico, disponível em https://www.britannica.com/topic/gnosticism. Acesso em 13 abr 2023.

ZAFFARONI, Eugênio Raúl. **Em Busca das Penas Perdidas**: A perda de legitimidade do sistema penal. Trad. Vânia Romano Pedrosa e Amir Lopes da Conceição. Rio de Janeiro: Revan, 1991.

Sobre o Autor

Emir Maluf é Bacharel em Direito pela Universidade Federal de Minas Gerais (2006), especialista em Direito Processual pela Universidade Católica de Minas Gerais (2011) e em Filosofia pela Universidade Gama Filho (2013). Professor voluntário de Direito no Programa Direito na Escola da Ordem dos Advogados do Brasil. Servidor público no Tribunal Regional Eleitoral de Minas Gerais. Atua principalmente nos seguintes temas: Filosofia do Direito; Democracia e Ciência Política; Direito Constitucional; Direitos, Liberdades e Garantias da Pessoa Humana; Direito Civil; Educação para a cidadania e Direitos Humanos; Cultura; Antropologia; Ciência da Religião. Endereço eletrônico: <emir.maluf@live.com>. Currículo Lattes: http://lattes.cnpq.br/1827566222498804.